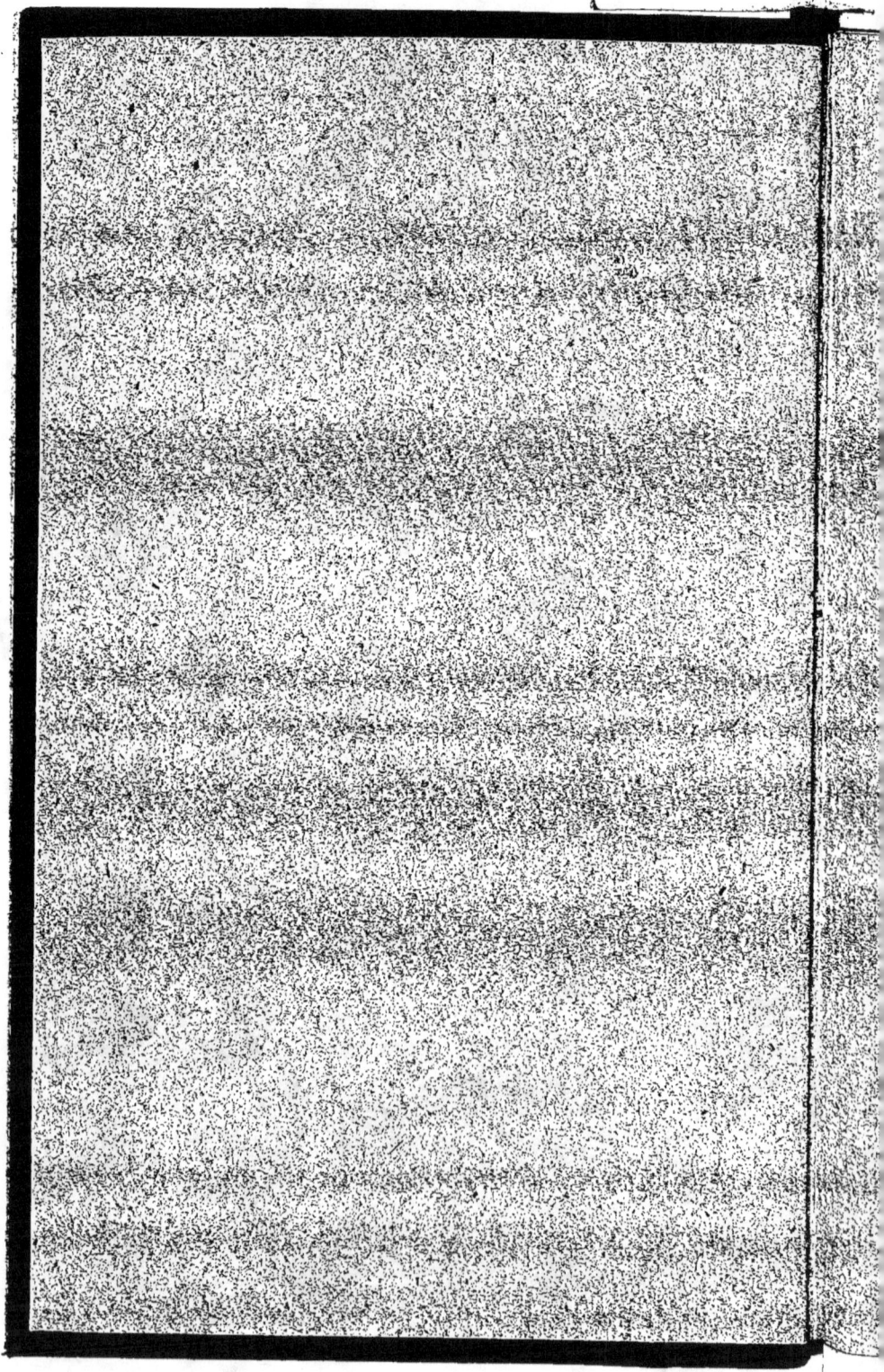

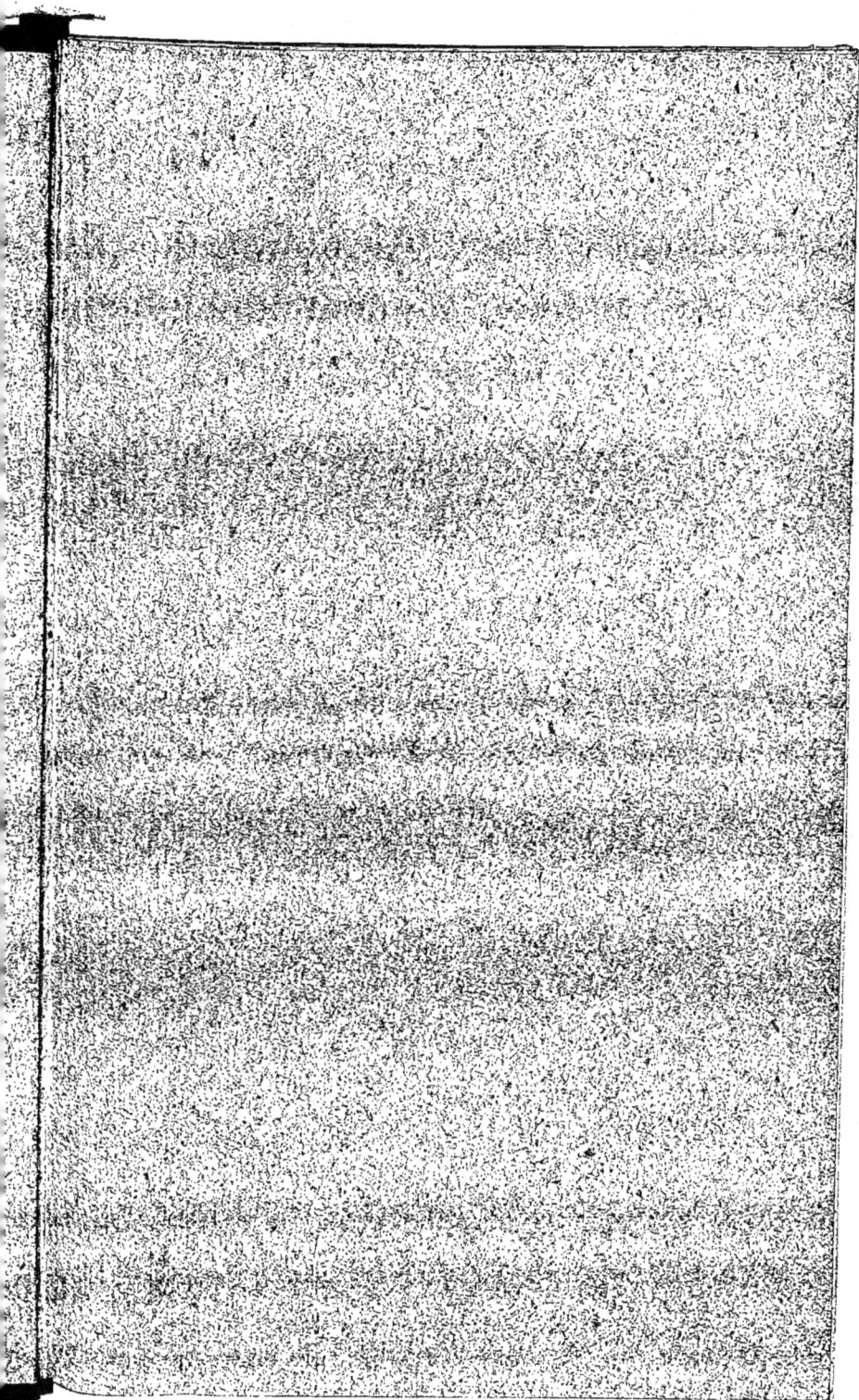

TABLEAU

DES AMÉLIORATIONS

DONT

LA VILLE DE BORDEAUX

EST SUSCEPTIBLE,

Relativement à la Salubrité.

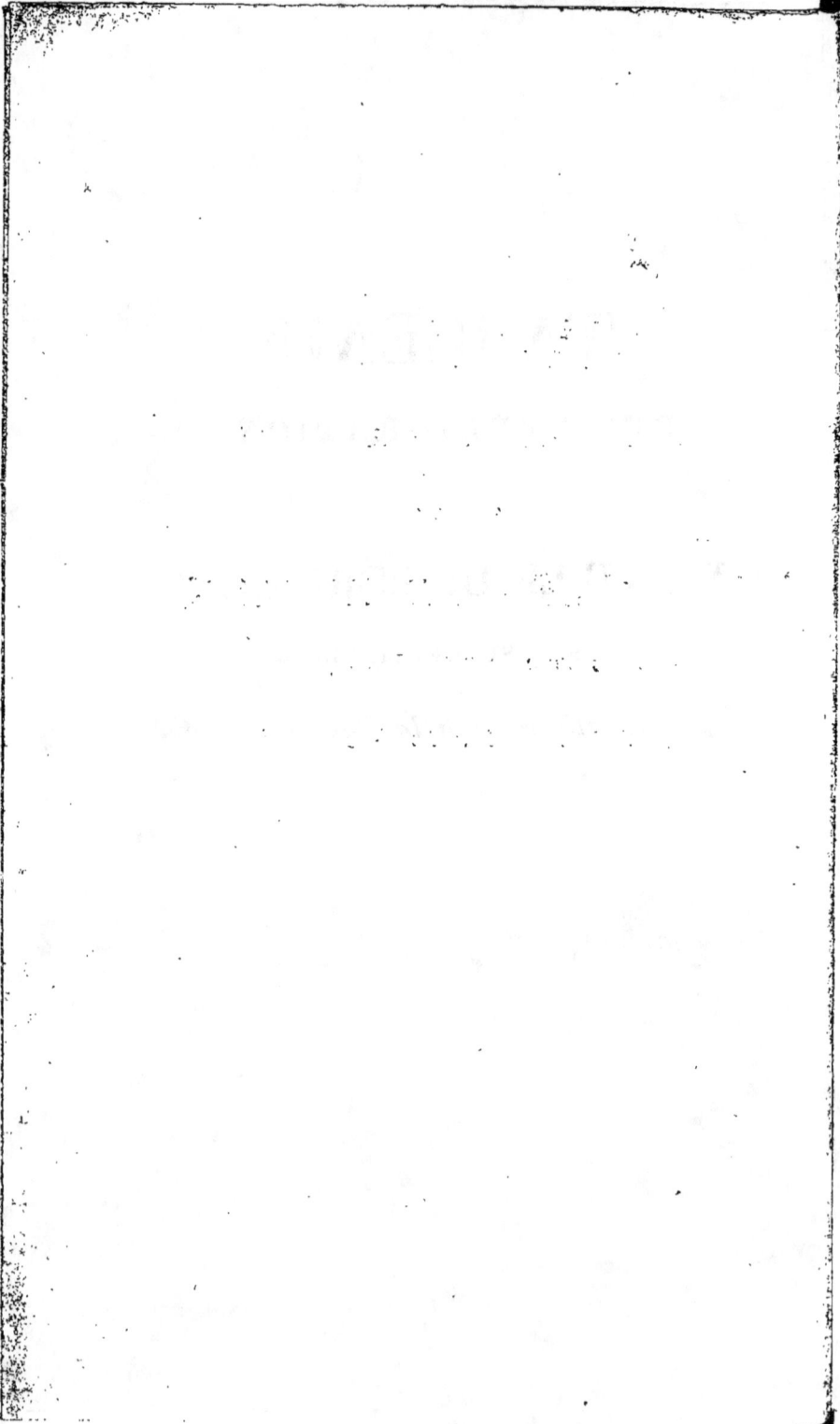

TABLEAU

DES AMÉLIORATIONS

DONT

LA VILLE DE BORDEAUX

EST SUSCEPTIBLE,

RELATIVEMENT A LA SALUBRITÉ ;

Et Rapport sur les Mémoires envoyés en 1811 et 1815, à la Société Royale de Médecine de cette ville, pour le concours ouvert sur cette matière.

Mes arrière-neveux me devront cet ombrage.

LAFONTAINE , *Liv.* XI , *Fab.* VI.

A BORDEAUX,

Chez LAWALLE jeune , Imprimeur de la Société ;

allées de Tourny , N° 20

1817.

TABLEAU

DES AMÉLIORATIONS

DONT

LA VILLE DE BORDEAUX

AVANT-PROPOS.

La salubrité d'une ville étant de la plus haute importance pour la conservation et pour le bonheur de ses habitans, la Société royale de médecine de Bordeaux, sans cesse occupée du bien-être de ses concitoyens, a dû examiner si cette grande ville n'offrait pas, sous ce rapport, bien des choses à désirer. Cet examen lui a fait bientôt reconnaître la nécessité de diriger vers le même but, les lumières de tous ceux qui sont capables de donner des avis utiles à la patrie; et dans ces vues, elle a proposé dans sa séance publique, du mois de Septembre 1810, un prix académique de la valeur de *trois cents francs*, à décerner en 1811, à l'auteur qui aurait le mieux traité le sujet suivant : *présenter le tableau des améliorations dont la ville de Bordeaux est susceptible, sous le rapport de la salubrité.*

Un seul Mémoire parvint à la Société dans l'année suivante. L'auteur y donne des preuves d'une grande érudition ; mais il a omis de traiter plusieurs objets importans à la santé des habitans. Ce motif a empêché la Société de le couronner ; cependant, elle a rendu justice à ses talens, en faisant une mention honorable de ce Mémoire dans le Programme du 2 Septembre 1811. Elle a, en même-temps, proposé de nouveau le même sujet pour l'année 1813, et elle a doublé la valeur du prix annoncé.

Aucun Mémoire n'est parvenu à la Société dans ce second concours : elle n'a point été rebutée par ce mauvais succès, qu'elle a dû imputer aux circonstances politiques extraordinaires ; et confiante dans les sentimens patriotiques des hommes éclairés, auxquels son invitation était adressée, elle a proposé le même sujet, pour la troisième fois, en assignant pour terme des travaux l'année 1815.

Quatre Mémoires lui furent envoyés à cette époque ; ils renferment tous des propositions utiles, des vues intéressantes, mais chacun est insuffisant, incomplet, très-inférieur même au Mémoire de l'année 1811. Ces motifs n'ayant pas permis à la Société d'adjuger le prix proposé, et s'étant déterminée à retirer ce sujet du concours, elle a jugé qu'il ne fallait pas laisser sans fruit les travaux des concurrens, et qu'elle ferait une chose agréable pour eux et intéressante pour la ville de Bordeaux, en rassemblant, dans un seul ouvrage, les vues utiles présentées dans les cinq Mémoires qu'elle a reçus. En conséquence, elle a chargé une commission, composée de MM. Lamothe l'oncle, Carrié, Capelle, Caillau, Guitard, Dupont, Bourges et Guérin, de lui faire un rapport contenant l'analyse de ces Mémoires, et les réflexions dont chaque proposition doit être accompagnée.

Afin que tous les auteurs reçoivent le tribut d'éloges qui leur est dû, on ne parlera, dans ce rapport, d'aucune amélioration proposée, sans indiquer le Mémoire dont elle aura été extraite ; la commission les désignera de la manière suivante :

Le seul Mémoire reçu par la Société, en l'année 1811, sera indiqué par ces mots : *Mém. de 1811.* Il porte pour épigraphe : *Homines ad Deos nullâ re propiùs accedunt, quàm salute hominibus dandâ.*

Les Mémoires envoyés au concours de 1815, seront désignés par les numéros sous lesquels ils ont été enregistrés et jugés ; ainsi on appellera *Mém. Nº. 1*, celui qui a pour épigraphe : *Chacun à ce métier, peut perdre impunément de l'encre et du papier....* ; *Mém. Nº. 2 : Occidit qui non servat...* ; *Mém. Nº. 3 : Da veniam scriptis quorum non gloria nobis causa, sed utilitas officiumque fuit...* ; *Mém. Nº. 4*, celui dont l'épigraphe est : *A tous les cœurs bien nés que la patrie est chère.*

En méditant sur la tâche qui lui est imposée, la commission n'a pu se dissimuler qu'elle ne peut présenter les diverses propositions des auteurs, sans les accompagner des réflexions qui font connaître le jugement de la Société de médecine sur chacune d'elles ; que, pour donner à son travail un plus grand degré d'utilité, elle doit indiquer aussi les principales améliorations proposées dans des ouvrages déjà publiés ; que, pour ne point laisser son travail incomplet, elle doit remplir les lacunes qu'elle apercevra dans les mémoires soumis à son examen ; et qu'après avoir rem-

pli sa mission, considérée sous ces divers points de vue,
elle aura obtenu l'objet des vœux de la Société ; le *Tableau
des améliorations dont la ville de Bordeaux est susceptible,
sous le rapport de la salubrité.*

L'étendue et les difficultés de cet ouvrage n'ont point dé-
couragé la commission ; elle s'estimera heureuse si elle peut
obtenir la satisfaction de le rendre digne de la Société et
utile à ses concitoyens. La Société de médecine achevera
sa tâche, en déposant ce rapport, révisé par elle, entre les
mains du Conseil municipal de Bordeaux. Elle recevra la
seule récompense qu'elle ambitionne, la seule digne d'elle,
si ce résultat des méditations recueillies par ses soins, peut
déterminer l'administration publique à arrêter un plan général et complet de dispositions, de réglemens et de travaux
successifs, qui obvient à tous les inconvéniens inséparables
d'une grande population, qui préviennent les dangers que
présentent quelques localités et certains arts et métiers,
qui puissent, au moyen d'une persévérance imperturbable
dans l'exécution des mesures et des travaux adoptés, amener
progressivement cette grande ville au degré de splendeur
et de salubrité qu'elle a droit d'espérer.

TABLEAU
DES AMÉLIORATIONS
DONT
LA VILLE DE BORDEAUX
EST SUSCEPTIBLE,
RELATIVEMENT À LA SALUBRITÉ

Et Rapport sur les Mémoires envoyés en 1811 et 1812,
à la Société Royale de Médecine de cette Ville, pour
le concours ouvert sur cette matière.

MESSIEURS ET CONFRÈRES,

Pour ne point prolonger sans nécessité une tâche déjà très-étendue, nous laisserons aux historiens à rechercher péniblement ce que fut Bordeaux, et quelles fautes ont été commises, à diverses époques, contre sa salubrité. Uniquement occupés du bien-être de nos contemporains et de nos descendans, nous nous bornerons à faire remarquer les causes morbides locales actuellement existantes, et à indiquer leurs correctifs. Nous écarterons également la supposition qui a été faite, que Bordeaux n'existe pas et qu'il s'agit de réédifier cette ville sur le sol qu'elle occupe ; une hypothèse semblable peut amener des conséquences séduisantes, sans doute, mais d'une exécution impossible, et qu'il est superflu d'examiner.

Un des plus grands génies qui aient existé, le divin Hippocrate, méditant sur les maladies particulières à chaque pays, observa qu'elles étaient produites par l'influence *des airs*, *des eaux*, *des lieux*, et il donna ce titre à l'un de ses meilleurs traités. Cette division eut pu convenir à notre travail ; cependant, nous ne pouvons nous dissimuler que ces causes se confondent souvent et agissent simultanément ; nous ne nous en écarterons que bien peu, en recherchant les causes des maladies qui règnent habituellement à Bordeaux, dans les qualités de l'air qu'on y respire, dans celles de ses eaux potables et usuelles, et dans quelques dispositions locales.

CHAPITRE PREMIER.

Exposition de Bordeaux. Ses vents et sa température atmosphérique.

La ville de Bordeaux est située à 44 d. 50 m. 18 s. de latitude septentrionale, c'est-à-dire, à une distance presqu'égale du pôle et de l'équateur ; et à 17 d. 5 m. 11 s. de longitude orientale de l'île de Fer, sur la rive gauche de la Garonne, sur laquelle elle décrit un demi-cercle de 7,600 mètres de longueur, depuis l'*estey* Majou jusqu'au passage de Lormont. Sa plus grande largeur, depuis la place Royale jusqu'après la Chartreuse, est de 2,000 mètres.

Cette situation géographique est sans doute avantageuse, puisque en préservant la ville de Bordeaux des excès du froid et de la chaleur, elle lui permet de voir arriver dans ses murs les hommes de tous les climats, et de naturaliser sur son sol un grand nombre de plantes exotiques : cependant, il ne faut pas conclure de cette seule circonstance, que la salubrité de cette ville soit beaucoup plus grande que celle des villes plus voisines des régions boréales ou de la zone torride, parce que la salubrité des villes dépend moins de leur situation géographique que de l'absence des causes malfaisantes. On voit à la vérité dans Bordeaux, beaucoup d'hommes robustes et sains ; on y remarque toujours quelques centenaires ; mais *en suivant avec les voyageurs toutes les diverses latitudes, depuis le 14me. degré jusqu'au 60me., on voit qu'il n'en est aucune où l'on ne trouve des hommes fortement constitués, d'une bonne santé, agiles, industrieux, intelligens, et dont* la vie ne soit au moins aussi longue et aussi exempte d'infirmités que celle des habitans du milieu de la zone tempérée (1).

Bâtie sur une plaine légèrement inclinée vers l'est, à environ 10 lieues ouest de la mer, la ville de Bordeaux n'est couverte d'aucun côté par des montagnes ou des hauteurs assez considérables pour intercepter le cours du vent de quelque côté de l'horizon qu'il souffle, et pour empêcher la libre circulation de l'air en tout sens; car les coteaux de Lormont, de Cenon et de Florac n'ont pas assez de hauteur, relativement à leur grande distance de la ville, pour être d'une grande influence sur la manière dont le vent s'y dirige et s'y fait sentir (2). La crête longitudinale qui, s'élevant du milieu des Landes y termine son horizon, est bien plus éloignée encore, et moins capable de la garantir des vents d'ouest et de nord-ouest. Ce n'est que vers Lormont que le coteau, rapproché de la rivière, pourrait abriter les vaisseaux contre les vents de l'est, mais ces vents, qui viennent de traverser des pays cultivés, sont les moins humides de tous; presque toujours ils sont modérés et amènent le beau temps; ils n'ont d'autre désavantage que de
_____
(1) Mém. de 1811, p. 4 et 8.
(2) Mém. de 1811, p. 12.

pousser sur la ville les brouillards qui s'élèvent fréquemment sur la vaste surface de la Garonne, pendant les temps froids et humides.

Au nord, au sud, à l'ouest de la ville, sont les marais de Bruges, de Bègles et de la Chartreuse, dont l'influence malfaisante a été diminuée à diverses époques par des travaux trop peu solides. Tout le pays environnant, parfaitement cultivé, est couvert de vignobles, de prairies, de jardins, de bosquets et de maisons de plaisance ; mais quand on s'est avancé d'une lieue vers l'ouest, cet aspect brillant est remplacé par les tristes Landes, qui s'étendent jusques aux dunes, sur les bords de l'Océan. Cette vaste plaine sablonneuse, qui a de huit à neuf lieues communes de largeur, est brûlée pendant l'été par les rayons solaires, dont rien ne modère l'ardeur, et inondée, pendant le reste de l'année, par les eaux pluviales, qui n'ont pas d'écoulement. Elle est, en très-grande partie, couverte de plantes inutiles, qui croissent, se dessèchent et pourrissent alternativement, altèrent les eaux de source, et répandent dans l'atmosphère leurs élémens décomposés.

Les observations météorologiques, faites pendant un grand nombre d'années par le docteur Lamothe, paraissent prouver que le vent de nord-ouest est le plus fréquent de tous ceux

qui agitent l'atmosphère de Bordeaux. Il ré-
sulte des observations faites pendant plusieurs
années dans l'hôpital Saint-André, que ceux de
l'ouest sont les plus fréquens, les plus cons-
tans, les plus violens. Enfin, suivant M. Bet-
beder (1) et l'auteur du Mémoire N°. 3, les
vents d'ouest et de sud-ouest sont ceux qui
règnent le plus familièrement. C'est à la violence de ces vents occidentaux que nous devons l'inclinaison de la plupart de nos arbres
vers l'est. Ils sont aussi les plus humides et
causent la plupart de nos maladies catarrhales,
rhumatismales et hydropiques, en nous ap-
portant sans cesse les émanations de l'Océan
et celles des Landes, qu'ils traversent avant
d'arriver jusqu'à nous.

Au nord et au sud de Bordeaux, les défri-
chemens, une culture illimitée, et de nombreux
canaux d'écoulement, ont assaini le pays, purifié les sources, et prévenu les altérations excessives de l'air; de sorte que ce n'est point aux
exhalaisons du sol que les vents du nord et du
sud doivent les qualités qui les distinguent dans
tous les pays. Les vents de nord et nord-est,
ordinairement secs et froids, sont presque toujours accompagnés de la sérénité de l'atmos-

_____

(1) Topog. de Bordeaux. Mém. de la Soc. roy. de méd.,
t. 1, p. 191.

phère. Les vents du sud, au contraire, assez
souvent humides et chauds, amènent les orages, produisent le relâchement des fibres animales, les faiblesses nerveuses ; la décomposition des humeurs, et sont très-nuisibles dans
le cours des fièvres.

La température atmosphérique de Bordeaux
est généralement humide et douce. Pendant les
hivers pluvieux, qui sont les plus ordinaires,
il n'est pas fréquent que le thermomètre des-
cende à zéro ; il se soutient le plus souvent entre le 3me. et le 5me. degré de Réaumur, dans les
lieux abrités et très-peuplés, et du 2me. au 3me.
dans les quartiers exposés au nord. Beaucoup
plus rarement, l'hiver est sec, et alors le froid
est rigoureux ; cependant, on ne voit guère que
trois ou quatre fois chaque siècle les flots de
la Garonne enchaînés par la congélation.

En été, la chaleur qui est ordinairement de
20 à 25 degrés, devient quelquefois plus forte et
exige qu'on emploie des mesures rafraîchis-
santes. Cette chaleur amène toujours des orages
que l'on voit souvent à la même heure pendant plusieurs jours consécutifs. Le printemps
et l'automne sont aussi variables que les deux
autres saisons ; cependant il est ordinaire de
voir le beau temps comme le mauvais temps,
durer toute la première ou la seconde quinzaine
de chaque lune. Ces vicissitudes ont beaucoup

d'influence sur la santé des Bordelais et sur le
sort de leurs récoltes. Leur atmosphère humide
et tempérée, est par cela même très-propre au
développement des miasmes septiques et des
maladies épidémiques ; ces variations donnent
lieu à de fréquentes suppressions et répercus-
sions de la transpiration.

Les maladies produites par ces causes locales, doivent être distinguées en primitives et
en secondaires. On doit ranger parmi les premières, 1°. Les affections catarrhales qui atta-
quent les diverses parties du corps, avec ou
sans fièvre, et reçoivent différens noms ; 2°. Les
fièvres intermittentes, les rémittentes, les humo-
rales et les vermineuses, avec toutes leurs va-
riétés, leurs complications et leurs divers degrés
d'intensité ; 3°. Les rhumatismes ; 4°. Les scrophules et engorgemens lymphatiques ; 5°. Les
infiltrations séreuses. A la deuxième classe, ap-
partiennent les maladies qui sont la suite des
précédentes ; telles sont la phthisie pulmonaire,
surtout la phthisie tuberculeuse des adultes et
la phthisie pituiteuse des vieillards, les obs-
tructions des viscères abdominaux, la mélan-
colie, les affections hystériques, les hydropi-
sies, les ulcères atoniques, le scorbut, etc.

Vers la fin d'Avril, lorsqu'un ciel serein et
le vent du nord succèdent à un temps pluvieux,
les gelées matinales enlèvent l'espoir du vigne-

ron ; le même malheur arrive lorsqu'un ciel
nuageux et un temps variable , aux mois de
Juin et de Juillet , faisant éprouver à la vigne
des altérations fréquentes de chaleur et de refroidissement , font tomber à la fois ses fleurs
desséchées et ses fruits à peine formés : enfin ,
les vins sont austères et peu spiritueux, quand
en Septembre et en Octobre, le temps pluvieux
et froid empêche la parfaite maturité des rai-
sins.

CHAPITRE II.

Nature du sol. Humidité de l'atmosphère.

Fondée il y a environ dix-neuf siècles, la
ville de Bordeaux a éprouvé toutes les catas-
trophes qu'amènent les guerres étrangères, ci-
viles et religieuses ; les changemens de maître
et de gouvernement, l'invasion des Barbares :
elle a été prise, saccagée et en partie brûlée
par les Visigoths, dans le 5me. siècle ; elle l'a été
par les Sarrasins dans le 8me. ; par les Nor-
mands dans le 9me (1). Sa position sur un grand
fleuve y attirant nécessairement le commerce,
elle s'est toujours relevée et progressivement
agrandie. Soixante générations, qui se sont

(1) Histoire de Bordeaux, par Dom Devienne. Chroniq.
Bourdelaise , par Delurbe.

2

succédées sur son sol, l'ont bouleversée diver-
sement, et toujours exhaussée par les matériaux
importés pour les nouvelles constructions, par
les décombres inutiles des édifices détruits, par
les pavés, les graviers et les terres transportées
pour l'amélioration de la voie publique, par le
lest des bâtimens, par les alluvions du fleuve, par
une multitude d'autres débris, animaux, végétaux, minéraux et métalliques qui le noircissent
ordinairement. On ne retrouve donc le sol primitif qu'à une certaine profondeur, dans les
quartiers anciennement habités ; il faut creuser
trois, quatre et cinq mètres pour y parvenir,
dans les lieux voisins du Peugue et de la Devèze,
qui ont été le berceau de cette ville ; les exca-
vations doivent être moins profondes à mesure
qu'on s'en éloigne vers le nord ou vers le sud.

Au-dessous de cette première couche, que
les travaux des hommes ont formée, on en
trouve plusieurs naturelles qui varient peu,
excepté dans les lieux qui ont été anciennement inondés. Dans ceux-ci, paraît d'abord
une terre spongieuse et quelquefois tourbeuse,
puis une vase argileuse, puis une couche très-
épaisse de sable ou de gravier, mêlée d'argile
et de terre calcaire en petite quantité. Dans
les lieux plus élevés, on aperçoit du gravier
mêlé de terre végétale ou bien d'une terre argileuse, jaune ou grise. Le mélange de terre

végétale ne descend pas beaucoup , et le sable
mêlé d'argile prédomine bientôt. Très-rarement
on trouve de l'argile seule ou prédominante.
A une plus grande profondeur, s'offrent ordinairement d'épaisses couches de sable et de
gravier qui alternent. On ne rencontre que rarement le rocher à une profondeur moindre
de 30 pieds, mais on trouve souvent les fondemens d'édifices anciennement détruits , des
pavés en mosaïque, et d'autres débris pierreux
qui ont été quelquefois pris pour des roches.
L'estimable auteur du Mémoire de 1811 , paraît être tombé dans cette erreur, en méconn-
naissant les fondemens des Piliers-de-Tutelle et
ceux d'une ancienne fontaine, sur lesquels sont
élevés en partie le Grand-Théâtre et la maison
Dublan.

Quoiqu'il y ait une assez grande quantité d'argile répandue dans le sol primitif de Bordeaux,
cependant, elle n'est ni assez épaisse , ni assez
homogène, pour arrêter la filtration des eaux
dans le sein de la terre ; sa couche , la plus
épaisse qui existe , et qui a été déposée par la
rivière sur ses rives , et dans le lieu où était
autrefois le chenal des navigateurs, ne peut empêcher que les eaux de la Garonne ne se répandent dans les caves des maisons qui forment
la façade du port, et dans celles qui confinent
aux parois des deux ruisseaux-égouts.

Les puits ont des profondeurs différentes.
Dans le faubourg des Chartrons et vers St.-
Seurin, on trouve l'eau à 6 ou 7 mètres de
profondeur : il faut creuser jusques à 10
mètres et au-delà dans la plupart des autres
quartiers ; et c'est sur des couches de sable et
de gravier, ou sur un rocher calcaire, que re-
pose l'eau que l'on cherchait : nous ne connaissons pas d'exemple qu'on l'ait trouvée sur une
couche d'argile.

Dans la plus grande partie de la ville, la
terre des caves est généralement assez sèche
pour engendrer le nitre, que les salpétriers y
vont habituellement chercher. Quand on pave
hors le temps des pluies, la terre qu'on décou-
vre au-dessous des pavés paraît presque sèche.
C'est donc à tort que l'on a imputé au sol de
Bordeaux, à ses boues et à ses pavés (1) l'humidité, quelquefois excessive, de son atmosphère. L'évaporation des eaux pluviales restées
sur les pavés en est une bien faible cause, si
on la compare à des causes aussi puissantes
et aussi constantes que le sont, d'une part,
les vapeurs que les vents d'ouest apportent si
fréquemment de l'Océan et des Landes, inondées pendant huit ou neuf mois de l'année ; et

_____

(1) Mémoire explicatif des projets d'embellissement de
Bordeaux, p. 55, par M. Pierrugues.

de l'autre, celles de la Garonne poussées par les vents de nord et d'est, pendant le silence des vents opposés.

Non-seulement les pavés ne sont pas une des causes de l'humidité atmosphérique, puisqu'ils empêchent l'absorption des eaux pluviales et qu'ils les dirigent dans les égouts ; leur vaste surface siliceuse serait au contraire un préser- vatif contre les exhalaisons du sol, si on devait les craindre, ce que rien ne prouve. Elle le rend, en toute saison, beaucoup moins hu- mide que la campagne environnante ; elle com- munique à l'air, pendant l'été, une chaleur brûlante, et y détermine l'élévation d'une grande quantité de poussière calcaire et argi- leuse.

Quoique l'homme ait couvert de champs fer- tiles et de cités florissantes des contrées que leur insalubrité rendait autrefois incultes et désertes, cependant, destiné à mourir, il est partout entouré de causes morbides qui ameneraient prématurément ce terme de son existence, s'il ne modérait ou ne corrigeait leurs effets. Le pays Bordelais porte, comme plusieurs autres, les empreintes du génie ré- parateur de la civilisation : les deux rives de la Garonne, partout cultivées, ont des sources pures, un bon air, et sont très-salubres ; la culture fait de continüels progrès vers les.

Landes et y procure les mêmes avantages ;
une ville immense prospère dans un lieu autrefois si mal sain, que des épidémies pestilen-
tielles le ravageaient annuellement ; les dunes,
qui semblaient devoir menacer un jour l'existence même de cette grande ville, commencent
à être fixées sur les bords de l'Océan, et à recevoir les bienfaits de la culture.

Ces avantages sont compensés par une grande
cause d'insalubrité, et le génie qui a conquis
la Hollande et le Delta, sur les flots de la mer,
paraît impuissant pour arrêter ou modérer l'humidité excessive apportée par les vents marins,
humidité d'autant plus nuisible, que combinée
avec la température douce du climat, elle est
très-propre à se charger des miasmes morbides,
et à les introduire dans le corps humain.

Pour modérer les effets de cette humidité,
plusieurs auteurs ont proposé d'ouvrir plusieurs
rues au nord et à l'est de la ville, de redresser
les rues sinueuses, d'élargir celles qui sont trop
étroites, de supprimer les impasses, d'employer
pour pavés des blocs qui puissent mieux s'ajus-
ter et laisser moins d'interstices ; de donner à
leur ensemble une pente qui favorise davantage l'écoulement des eaux pluviales ; de maintenir strictement les réglemens de police, relatifs à la propreté de la voie publique (1). Nous

_____

(1) Mémoire de 1811, page 162 ; Mémoire N°. 2.

partageons ces opinions, et nous croyons que ces moyens faciliteront le desséchement de la voie publique; mais que leur efficacité sera insuffisante sur l'atmosphère, surtout lorsque les vents chasseront sur la ville les brouillards et les vapeurs de l'Océan ou de la Garonne.

Ces auteurs ajoutent : Que la nature argileuse du sol de Bordeaux y entretient l'humidité atmosphérique ; qu'il faut se prémunir contre ses mauvais effets, en mettant au dessous du pavé, une couche épaisse de sable non argileuse, et proscrire l'emploi de celui qui sert journellement. Nous ne pouvons être de cet avis ; nous devons rappeler ce que nous avons dit ci-dessus de la nature du sol, et fortifier notre opinion par les réflexions suivantes :

Le sol sur lequel est bâtie la ville, ne peut fournir à l'atmosphère, à de très-légères exceptions près, que les eaux pluviales qui l'ont arrosée, moins celles qui s'étant infiltrées à une grande profondeur, y ont formé les sources usuelles. Les sources existant partout dans ce sol, il y a donc beaucoup d'eau pluviale qui n'est point restituée à l'atmosphère par l'évaporation, et l'argile n'a point arrêté son infiltration dans les profondeurs de la terre. L'eau restée dans la surface du sol, adhérant plus

page 20 ; Mémoire N°. 3, page 5; Mémoire N°. 4, page 7.

fortement à ses molécules argileuses qu'à ses molécules siliceuses ou calcaires, l'évaporation doit être moins rapide que si cette surface était purement siliceuse ; mais quelle que soit la célérité ou la lenteur de cette évaporation, la quantité d'eau évaporée demeure la même ; par conséquent, l'argile du sol ne contribue en rien à l'augmentation de l'humidité atmosphérique, et les précautions conscillées, d'après le principe contraire, portent entièrement à faux. Au reste, les eaux de nos sources contiennent beaucoup de sélénite, qui est un sel calcaire, et point de sels alumineux.

Plusieurs auteurs pensent que pour diminuer l'influence nuisible des vents, soit humides, soit marécageux, sur l'atmosphère de Bordeaux, il faut donner une autre direction aux rues qui amènent ces vents dans l'intérieur de la ville ; prolonger les ilots extérieurs des maisons dans une direction perpendiculaire à celle de ces vents ; n'ouvrir à travers ces ilots qu'un petit nombre de rues étroites, pour les communications indispensables ; que cette mesure doit être adoptée, au sud-ouest, contre les marais de la Chartreuse ; au nord-ouest, contre les vents humides et froids qui soufflent sur le faubourg des Chartrons ; qu'il faut bâtir le terrain du Château-Trompette, pour garantir le quartier de la Comédie et celui du Chapeau-Rouge

des frimats apportés par les vents du nord-est.
Nous ne pouvons partager cet avis, messieurs,
et consentir ainsi à sacrifier les commodités
des habitans, la facilité et la nécessité des communications, les beautés et les convenances
des constructions et des distributions locales,
à des avantages qui sont absolument illusoires.

Quelque élevées qu'on suppose les rangées
non interrompues de ces maisons, elles ne diminueront jamais l'humidité atmosphérique
apportée par les vents. Ceux-ci se glisseront
avec plus de violence par le petit nombre de
rues que l'on sera forcé d'ouvrir entre les ilots;
leur couche supérieure n'en deviendra que
plus impétueuse par ces obstacles; elle se pré-
cipitera plus violemment dans l'intérieur de la
ville par dessus les ilots, devenus inutiles pour
arrêter ou modérer leur course, et qui garan-
tiront seulement les maisons placées immédiatement après eux.

Nous convenons que les miasmes délétères
des marais, forcés par ces obstacles de s'élever
dans l'atmosphère, y subiront une action correctrice, qui diminuera considérablement leur
dangereuse influence; mais avant de s'élever,
ils pénétreront avec plus d'intensité dans toutes ces maisons servant de rempart, ils y exerceront une activité plus destructive sur tous
leurs habitans. Or, doit-on supposer qu'il y

aura des gens assez malheureux pour vouloir les habiter ? Qu'il y aura des capitalistes assez ennemis de leurs intérêts pour édifier des maisons proscrites à l'avance par leur destination ? Et les grands capitaux, nécessaires pour bâtir un aussi grand nombre de maisons très-élevées, ne vaut-il pas mieux les employer aux travaux nécessaires pour attaquer directement et anéantir les marais et leurs effets destructeurs ?

La Garonne, sans cesse agitée en divers sens, par le flux, par le reflux, et par les vents, communique son mouvement à l'atmosphère et en change souvent la direction ; elle contribue ainsi puissamment à purifier l'air de la ville en le renouvelant ; elle y apporte les émanations vivifiantes des végétaux qui couronnent les coteaux de Lormon, de Cenon, de Florac, mais elle exhale des vapeurs, des brouillards, qui ont l'inconvénient d'être très-humides ; qui se chargent des émanations nuisibles, des substances animales et végétales en putréfaction sur ses deux rives, et de celles des vases, fétides en été, qui s'y amoncèlent plus que jamais. L'administration prendra donc une mesure également utile pour l'amélioration de la rade, pour la facilité et l'économie des transports commerciaux, pour l'embellissement et la salubrité de la ville, lorsqu'elle se déterminera à rétrécir considérablement la sur-

face évaporable et le lit du fleuve, en le ren-
fermant entre deux longues séries de quais à
murs verticaux, comme la Seine l'est dans
Paris, comme la Loire l'est à Nantes. Nous.
avons été surpris, Messieurs, qu'aucun auteur
n'ait proposé cette grande mesure, que nulle
autre ne peut remplacer. Elle sera sans doute
fort dispendieuse, mais sa nécessité la fera infailliblement adopter un jour ; trop tard, peut-
être, pour que nos contemporains en recueillent les avantages (1) !

L'humidité de l'air atmosphérique sera aussi
considérablement diminuée lorsqu'on aura
donné un écoulement régulier et constant aux
eaux qui couvrent, pendant une grande partie
de l'année, l'immense surface des Landes ;
mais cette grande amélioration qui doit pré-
céder et aimener le défrichement et la culture
générale de ce pays, exigera un temps très-
long et des moyens qui ne sont pas au pouvoir
d'une administration municipale ; c'est pour-

---

(1) M. Dufort, président de la Cour royale de Bordeaux,
parle de l'encaissement de la rivière, dans son ouvrage intitulé : *Observations sur l'état de la Garonne devant Bordeaux* ; mais il paraît ne reconnaître la nécessité des quais
verticaux que sur la rive droite de ce fleuve, depuis le port
de la Bastide jusqu'à celui de Lormont, tandis que, d'après
notre opinion, ces quais sont bien plus nécessaires sur la
rive gauche.

quoi nous nous bornons à l'indiquer et à l'appeler par nos vœux. Il n'en est pas de même du desséchement des marais qui entourent Bordeaux, il est à la fois plus facile et plus urgent sous tous les rapports.

CHAPITRE III.

Des Marais.

L'humidité que les surfaces marécageuses apportent dans l'atmosphère, est le moindre des dangers dont elles menacent la population voisine. Ces marais étaient beaucoup plus étendus autrefois, et leur influence si délétère, que l'épidémie annuelle qui en était le fruit, a mérité souvent d'être qualifiée du nom de peste : telles furent celles des années 1411, 1473, 1495, 1515, 1546, 1556, 1579, 1585, 1599, 1604, 1653, parmi lesquelles on doit distinguer celle de 1585, qui fit périr quatorze mille personnes, depuis le mois de Juin, jusqu'à celui de Décembre (1). Ce terrible fléau a plusieurs fois obligé le parlement de Bordeaux à se transférer dans une autre ville de son ressort ; il excita toujours la sollicitude des ma-

(1) Chronique Bourdelaise, par Delurbe et Darnal.

gistrats ; mais il paraît que ce ne fut qu'en 1599 que l'on prit des mesures efficaces : la ville passa contrat avec Conrad, Gaussen, Flamand, pour le desséchement des Palus de Bruges (1) et autres lieux environnans, au nord de Bordeaux. Cet habile ingénieur, qui avait été envoyé par le bon Henry IV, procura l'écoulement des eaux stagnantes, rendit à la culture une étendue immense de terrain, et assainit l'air qu'on y respirait.

En l'année 1610 et suivantes, le cardinal de Sourdis, archevêque de Bordeaux, fit dessécher le marais de l'archevêché, et transforma ce lieu mal-sain en une promenade agréable.

Les marais de Bègles, au sud de la ville, ont été aussi, à diverses reprises, l'objet de travaux multipliés, qui avaient pour principal but la salubrité. Cependant, ces mêmes lieux sont encore couverts d'eaux stagnantes, et continuent de répandre dans leur voisinage des germes épidémiques trop souvent funestes. Cet état de choses a été amené par la dégradation continuelle des améliorations opérées; les canaux d'écoulement ont été encombrés par les terres éboulées; leurs communications ont été interrompues; le cours des eaux, gêné et arrêté par divers obstacles, a donné lieu à de

_____

(1) Supplément à la Chronique Bourdelaise, page 63.

nouvelles stagnations, moins étendues peut-être et moins profondes, mais non moins insalubres.

Les causes qui rendent les marais très-dangereux sont ; 1°. La grande quantité de substances végétales et animales qui y pourrissent continuellement ; 2°. L'activité de la décomposition de ces substances ; 3°. La quantité et la qualité des exhalaisons gazeuses , la plupart inodores, qu'elles fournissent à l'atmosphère, exhalaisons qui sont non-seulement toutes impropres à la respiration , mais qui absorbées par les corps vivans, y introduisent les germes de plusieurs maladies ; 4°. L'activité meurtrière que ces gaz peuvent recevoir dans l'atmosphère. Il s'ensuit de ces faits, que les lieux marécageux sont moins nuisibles dans les pays froids et pendant les saisons rigoureuses, parce que la décomposition des substances organiques est alors moins étendue et moins active ; que l'on ne doit entreprendre que pendant l'hiver, les creusemens des canaux et autres ouvrages , dont l'effet immédiat est de mettre la terre des marais et ses débris organiques en contact avec l'atmosphère ; que les marais complètement inondés, sont beaucoup moins dangereux que ceux qui ne le sont qu'à demi , parce que rien ne favorise autant la putréfaction que l'action combinée de l'air, de l'eau et de la chaleur.

Ces exhalaisons , si nuisibles aux grands
animaux, et surtout à l'homme, sont au contraire très-favorables à la végétation ; voilà
pourquoi les terrains marécageux sont si fer-
tiles , et pourquoi il importe d'établir une culture active dans ces lieux récemment desséchés.
Elevées dans l'atmosphère par leur grande lé-
gèreté spécifique, ces exhalaisons aériformes
paraissent y être décomposées par l'action du
soleil, des vents et des élémens atmosphériques ; elles n'exercent pas à une grande distance leur activité morbifère, à moins que leur
foyer ne soit très-considérable. On a eu occasion d'observer ce fait à Bordeaux, en 1805,
lorsque l'épidémie produite par le récurement
du Peugue, commencé imprudemment dans
le mois de Mai, borna son influence meurtrière dans les quartiers voisins de ce ruisseau.

Le souvenir des ravages éprouvés par la population de cette ville, ne permet pas que l'on
néglige de prévenir les effets de cette cause de
mort, toujours menaçante. Si des dépenses considérables sont nécessaires pour obtenir cet important résultat, on a du moins la certitude con-
solante du succès. En effet, tous ces marais sont
à une hauteur suffisante au-dessus des eaux de la
Garonne, à basse mer (1), pour que l'on puisse

(1) Le fond de ces marais est élevé au-dessus du niveau
de basse mer ; savoir :

facilement diriger vers ce fleuve les eaux stagnantes, en creusant des canaux d'écoulement
qui auront la pente nécessaire. La principale
difficulté que l'art eût pu rencontrer, se trouvant ainsi levée par l'heureuse disposition du
sol, nous avons le droit d'espérer l'assainissement complet de tous les environs de notre
cité, puisque la salubrité a été rendue à de
vastes contrées inondées, dont le sol était inférieur à la surface de la mer ou à celle des
fleuves voisins. Les habiles ingénieurs, qui ne
manqueront jamais à l'administration, imagi-
neront facilement le plan le plus propre pour
obtenir l'objet de nos vœux.

Pour ne point tomber dans les inconvéniens qu'ont eu les travaux anciens, et ne pas
se borner à une amélioration passagère, l'administration, ne se laissant pas enchaîner par
l'intérêt pécuniaire de la génération actuelle,
ne négligera point le bien-être des générations futures; et pour laisser des monumens
de sa prévoyance et de ses vues patriotiques,
elle voudra que les principaux canaux aient la

Ceux de Bacalan et Bruges, de 1 m. 10 c. ;
Celui de la Chartreuse, 1 m. 50 c. ;
Celui de Bègles, 50 c. ;
(*Note communiquée par M. Deschamps, inspecteur di-
visionnaire des ponts et chaussées*).

plus grande solidité ; elle les fera, par conséquent, construire en pierres dures (1), on les
entretiendra constamment dans le meilleur
état, ainsi que les canaux secondaires, les
écluses, les ponts, et tous les autres moyens
nécessaires pour l'assainissement désiré. Nous
ne désignerons point en détail les ouvrages
qu'il faut entreprendre, ce n'est point une
tâche qui regarde des médecins ; seulement,
pour rendre justice aux hommes éclairés qui
sont entrés dans la lice ouverte par la Société
de médecine, nous exposerons ci-après les
moyens qu'ils ont cru les plus propres pour
atteindre ce but, et nous laisserons aux ingénieurs le soin de juger le mérite et l'efficacité
des ouvrages qui concernent leur art.

Moyens proposés contre les exhalaisons des Marais.

Avant de rapporter les opinions des concurrens, il n'est pas indifférent de faire connaître
celle qui fut émise par M. Dupré de St.-Maur,
intendant de la Guienne, dans un de ses mémoires lu à la séance publique de l'Académie
des sciences de Bordeaux, le 7 Mars 1782. *Il eût
fallu, pour ce qui concerne la palu des Char-*

---

(1) Mémoire N°. 3.

trons, porter plus directement à la rivière les
eaux qui viennent des fontaines d'Audège, de
même que celles qui arrivent du côté de Bruges
ou de Blanquefort ; et quant aux marais de
l'Archevêché, on devait, pour les assainir entièrement, baisser de sept à huit pieds de plus les
lits du Peugue et de la Devèze, au point où les
murs de ville s'ouvrent pour les recevoir, en ob-
servant d'ailleurs de leur donner une pente réglée, tant depuis la naissance du marais jusqu'aux remparts de la ville, que depuis ces
remparts jusqu'à la Garonne. Peut-être eût-on
encore mieux fait de supprimer totalement la
Devèze, qui n'est que le canal forcé d'un ancien
moulin. Cependant, il eût été très-facile encore
de conserver la Devèze et de la rendre utile, en
réglant la profondeur de son lit sur celui du
Peugue ; de sorte qu'au point de partage, les
eaux eussent pu prendre, indifféremment et sans
contrainte, l'une ou l'autre route. Alors, au
moyen d'une couple de vannes, on aurait eu la
faculté de faire couler alternativement dans chacun des ruisseaux, la totalité des eaux, dont le
cours acquérant plus de rapidité en raison de
son plus grand volume, entraînerait aussi plus
facilement les immondices qu'ils reçoivent journellement.

L'auteur du Mémoire de 1811, supposant
que Bordeaux n'existe pas, et qu'il faut le bâtir

dans le lieu qu'il occupe, et comprendre dans son enceinte le marais de l'Archevêché, est d'avis : 1°. Qu'il faut élever partout le sol de deux pieds (1) et l'incliner uniformément vers le Peugue, avec une pente égale à l'excès d'élévation actuelle du lit de la Devèze sur celui du Peugue. Cette élévation serait exécutée en transportant les terres des deux collines voisines (2), qui peuvent très-facilement les fournir. Il évalue les frais de ce transport à 250,000 francs ; 2°. Les eaux de la Devèze seraient conduites dans le Peugue par un fossé ou canal transversal, et les eaux réunies des deux ruisseaux seraient amenées à la rivière par le plus droit chemin ; 3°. La partie du canal du Peugue qui passerait dans la nouvelle ville serait découverte, elle aurait deux marche-pieds de sept pieds de largeur chacun, et plus haut, de chaque côté, une allée d'arbres ; de sorte que la rangée de maisons placées au delà, parallèlement à l'un des côtés du canal, serait distante de 40 toises et demie de la rangée qui longe-

---

(1) L'auteur du Mémoire N°. 3 veut que le sol reçoive une forme convexe, afin que les eaux s'écoulent au sud dans le Peugue, au nord dans la Devèze, page 26.

(2) Il faut aussi mettre à profit tous les décombres, et même le banc de sable de la Manufacture, et exhausser le terrain voisin déjà bâti en partie. Mémoire N°. 3, pages 25 et 27.

rait l'autre côté ; 4°. Vers l'extrémité orientale des marais on éleverait un rang de maisons,
peu ou point interrompu, afin qu'elles servent
à garantir la ville des vapeurs malfaisantes du
vent d'ouest ; 5°. Depuis cette ligne de maisons
jusqu'à l'extrémité occidentale du marais, on
formerait un jardin toujours ouvert au public ;
6°. Dans la partie occidentale du marais (1),
on planterait un bois de 10 ou 12 arpens d'étendue ; 7°. Le canal de la Devèze serait conservé,
pour recevoir les eaux du ruisseau du Pont-
Long et pour servir d'égout (2).

Pour dessécher le marais des Chartrons, le
même auteur veut que l'on creuse un fossé,
qui, commençant derrière le Jardin-Public,
près de l'ancienne Course, se prolonge parallèlement au grand cours jusqu'au fond de
Bacalan, et qui, après avoir dépassé la dernière des rues qui aboutissent sur le quai,
fasse un angle, pour venir se terminer à la
rivière par une écluse à pelle et à coulisse.
Un homme logé tout auprès serait chargé de
l'ouvrir à chaque descendant, et de la fermer
à chaque montant (3). Ce fossé recevrait les
eaux de tout le terrain qu'il traverserait, tant

(1) Peu de plantation, pour ne point gêner le renouvellement de l'air. Mémoire N°. 3, page 27.
(2) Mémoire de 1811, page 90 et suivantes.
(3) Mémoire de 1811, page 101.

celles fournies par le faubourg à l'est, que
celles qui pourraient venir des terres du côté
de l'ouest, celles de tous les fossés, de tous
les aqueducs, de tous les canaux qui les portent ou doivent les porter à la rivière; celles
de l'aqueduc du Pelau, de l'estey des Carmes,
de l'estey Crebat, etc., etc.

A l'égard de la position de Bordeaux, de la
manière dont il est frappé par les vents et des
qualités naturelles ou acquises de ces vents, il
conviendrait que le plus grand nombre des
rues fût dirigé du nord au sud, qu'elles fussent
d'une grande largeur, au moins de 36 à 40 pieds.
Celles qui aboutiraient à la rivière, du levant
au couchant, pourraient aussi être de la première largeur, et en aussi grand nombre que
l'exigeraient le service du port, la commodité
et l'agrément, pourvu qu'elles ne traversassent
pas la ville toute entière, pour déboucher en
face des marais, sans être coupées par quelque
muraille élevée ou par quelque rangée de
maisons, capable d'en fermer l'entrée au vent
d'ouest. Par la même raison, il ne faudrait
pas multiplier les rues, qui, étant ouvertes sur
le grand cours, doivent venir du couchant au
levant; leur nombre devrait être réduit à celui
qui est rigoureusement nécessaire, et il faudrait leur donner peu de largeur. Les rues
nord et sud seraient très-élevées, pour inter-

rompre, jusqu'à une certaine hauteur, le cours
des vents nuisibles. Les maisons des rues est et
ouest n'auraient qu'un étage, ou deux au plus,
pour mieux recevoir l'influence du soleil, etc.

Suivant l'auteur du Mémoire N°. 1, l'écoulement par la Devèze des eaux du marais de la
Chartreuse n'étant pas aussi considérable que
son affluence dans le marais, il faut les diriger
dans le Peugue au moyen de saignées plus nombreuses et plus larges que celles qui existent ;
planter des peupliers sur les bords de ces saignées (1); cultiver dans le marais le *myrica galé*,
ou piment royal, arbrisseau aromatique qui se
plaît dans ces terrains ; entretenir meuble la
terre de ces plantations, afin de favoriser la
décomposition du gaz acide carbonique, et le
dégagement du gaz oxygène, qui concourent si
puissamment à la purification de l'air (2).

Le marais de St.-Seurin sera facilement desséché, en faisant couler ses eaux dans le ruisseau qui traverse une partie de ce quartier (3).

Les stagnations qui ont lieu dans les propriétés voisines de l'allée Boutaud, sont dues
à la manière vicieuse de récurer les fossés. On

---

(1) Cette culture a été très-lucrative à celui qui a exécuté
le desséchement des marais voisins de la ville de Poitiers.

(2) Mémoire N°. 1, pages 3 et 5.

(3) Mémoire N°. 1, page 10.

accumule constamment sur leurs bords toutes
les matières extraites, de sorte que ces bords
sont plus élevés que le centre de chaque pièce
de terre : cette disposition retient dans le centre, les eaux pluviales qui y séjournent, jusqu'à ce que l'évaporation les ait enlevées. Il
est absolument nécessaire de changer ces habitudes nuisibles, et d'élever le centre des
Barrails au-dessus des bordures des fossés qui
les circonscrivent (1).

L'auteur du Mémoire N°. 2 propose, à peu
de chose près, les mêmes moyens que le précédent pour le desséchement des marais de la
Chartreuse, et il indique, comme pouvant
être utile, l'exploitation d'une tourbière qui y
existe. Le marais de Bègles fixe ensuite son attention. Il propose, pour le dessécher, de détourner le Guy dans sa branche droite, dans
l'endroit où ce ruisseau se divise, au-dessous du
moulin de Bègles, et de conduire cette branche en droite ligne à la rivière. Son cours rendu
beaucoup plus rapide, ferait mouvoir plusieurs
moulins, qui serviraient au dégorgement des
marais et des fossés. On empêcherait l'introduction des eaux de la Garonne au moyen de
digues ou d'écluses (2).

_____

(1) Mémoire N°. 1, page 11 et suivantes. Voyez aussi le
Mémoire N°. 3, page 34.

(2) Mémoire N°. 2, page 7 et suivantes.

Un canal de ceinture paraît nécessaire à cet
auteur pour le desséchement de tous les autres
marais. On y dériverait tous les ruisseaux, tous
les fossés qui entourent la ville. On établirait
sur ses bords des quais, des chantiers, des
dépôts commerciaux, les ateliers à vapeurs nuisibles, etc. (1)

En 1782, M. Dupré de St.-Maur, intendant
de la Guyenne, proposa ce canal de ceinture,
et en développa les avantages dans le Mémoire
que nous avons déjà cité (2). Ce projet a été
généralement rejeté depuis par les ingénieurs
qui se sont occupés d'améliorations locales,
et ce n'est pas seulement à raison des dépenses
immenses que son exécution eût entraînées.
Leurs principaux motifs sont : 1°. Que le
trajet de ce canal offrant de grandes iné-
galités dans l'élévation du sol, il faudrait
creuser celui-ci dans certains endroits, l'exhausser dans d'autres, transporter d'énormes
déblais, et que toutes ces opérations contrarie-
raient le desséchement des marais, les rendraient impossible, donneraient naissance à
de nouvelles stagnations ; 2°. Que les ruisseaux
du territoire bordelais étant reçus dans ce ca-

(1) Mémoire N°. 2, page 10 et suivantes.
(2) Mémoire relatif à quelques projets intéressans pour la
ville de Bordeaux.

nal, les égouts de la ville seraient privés des
eaux de chasse qui leur sont nécessaires pour
entraîner dans la rivière les immondices de
toute espèce ; 3°. Que dans le cas qu'on admit
les eaux de la Garonne dans ce canal, on aurait à craindre de le voir bientôt comblé par
les dépôts vaseux, comme il est arrivé au réservoir du moulin de Bacalan. Ces graves inconvéniens, et d'autres que nous ne pouvons
nous dissimuler, rendant illusoires la plupart
des avantages qu'on attend de ce canal de ceinture, déterminent votre commission à en écarter la proposition, comme plus séduisante
qu'avantageuse.

Nous avons noté ci-dessus les points sur
lesquels l'auteur du Mémoire N°. 3 s'accorde
avec les précédens, et ceux sur lesquels il
diffère relativement aux marais de la Chartreuse et de St.-Seurin. Les moyens qu'il indique pour le desséchement des marais du nord
et ceux du sud, méritent d'être exposés sépa-
ment.

Pour dessécher les terrains situés entre la
rue Lagrange et le Jardin-Public, il faut offrir aux eaux stagnantes des canaux *en pierre*
habilement dirigés, moins compliqués et suffisamment inclinés, conditions que n'ont pas
ceux qui existent ; un aqueduc particulier les
réunira, et en passant par le Jardin-Public,

ira se joindre à celui qui vient de la Fondaudège.

Les eaux de l'allée Rivière et du marais qui l'environne, continueront à passer par le pont des Moines, mais par la voie la plus courte ; les autres fossés se dirigeront sur la Jalle. Tous les canaux et fossés seront entretenus convenablement, et l'on y conservera les écluses utiles. On donnera aux prairies, actuellement concaves, une forme convexe ; on y pratiquera des tranchées, des rigoles. On surveillera l'entretien des canaux de Figueyreau et de Lagrange (1).

Pour assainir le marais de Bègles sans priver les habitans des eaux qui leur sont nécessaires pour la culture de leurs jardins, il faut : 1°. Régulariser le cours du Guy, en élever les bords et les garantir de l'infiltration en leur donnant de la résistance, soit par des piquets, soit par une maçonnerie plus solide ; 2°. Y placer des écluses sur sa longueur ; 3°. A droite du ruisseau, pratiquer plusieurs conduits souterrains, ouverts de manière à recevoir ou à refuser, à volonté, l'eau du Guy ; 4°. Diriger ces conduits, en traversant le chemin, vers le fossé qui borde le côté oriental du ruisseau ; 5°. Faire en sorte que ce fossé latéral soit inférieur aux conduits susdits, et soit plus élevé que les

_____

(1) Mémoire N°. 3, page 31 et suivantes.

autres fossés qui sont dans l'espace marécageux ; 6°. Disposer ces fossés puisards de telle
façon qu'ils se succèdent les uns aux autres,
de l'ouest à l'est, jusque près de la rivière,
et que, dans leurs pentes uniformes, ils soient
garnis d'écluses, 7°. Faire aboutir ces fossés
par leur extrémité orientale à un autre fossé
parallèle à la rivière ; 8°. De ce fossé aqueduc
inférieur aux fossés puisards, mais supérieur
au niveau de la rivière à basse mer, faire naître
des conduits souterrains se terminant à la Garonne, et munis d'une écluse à leur embouchure (1).

L'auteur du Mémoire N°. 4 se rencontre avec
les précédens sur la plupart des moyens indiqués ; mais il généralise un moyen qui n'a été
proposé que partiellement par les autres ; il
veut que la ville et son territoire soient circonscrits du nord au sud par l'ouest, au moyen
de grandes masses d'arbres, qui, non-seulement auraient l'avantage de servir de rempart
impénétrable contre les exhalaisons marécageuses et contre les vents pluvieux, mais qui,
en donnant des limites exactes et précises à
notre cité, mettraient un terme à la dissémi-
nation irrégulière des habitations, rendraient
inutiles tous projets de promenades nouvelles,

_____

(1) Mémoire N°. 3, pages 35 et 8.

ainsi que le canal de ceinture proposé par
M. Dupré de St.-Maur (1).

Nous avons vu avec satisfaction l'exécution
de cette idée, proposée par M. Pierrugués dans
le nouveau plan de Bordeaux, que cet ingénieur a soumis au conseil municipal, et sans
approuver tous les placemens de ces beaux
boulevards, sans entrer dans le détail des avantages administratifs, financiers et autres de ce
projet, nous devons déclarer que ces plantations seraient très-utiles sous le rapport sanitaire, en opposant une digue efficace contre
l'influence délétère des marais situés en dehors
de l'enceinte qu'elles formeront, et contre la
violence des vents d'ouest, dont ils ne diminueront pourtant pas l'inévitable humidité.

L'exécution du décret qui ordonne de planter
de grands arbres sur les bords des principales
routes, concourra puissamment au même but.
On doit préférer, pour ces plantations, les
arbres qui se plaisent dans les terrains humides,
ceux qui s'élèvent très-haut, ceux dont le feuillage est fort épais; et si ces conditions ne se
trouvent pas réunies dans une seule espèce, il
faudra combiner habilement l'emploi de diverses espèces d'arbres.

La plupart des gaz marécageux étant plus

_____

(1) Mémoire N°. 4, page 8.

légers que l'air atmosphérique, et s'élevant aussitôt après leur dégagement, il n'est pas douteux qu'une partie de leurs vapeurs gazeuses ne pouvant être retenue avant d'avoir atteint le feuillage des arbres, se répandra par dessous, vers les habitations voisines. Ce danger sera prévenu par une plantation de charmilles et de haies d'aubépine tout autour du foyer de la contagion.

L'importance de ces agrémens dans ces lieux, rappelle la proposition qui a été faite de former un jardin ou une promenade publique dans le local actuellement occupé par le marais de la Chartreuse (1). Ce projet pourra être utilement exécuté lorsque le marais n'existera plus ; mais avant cette époque, l'on doit s'en abstenir, parce qu'il ne faut pas offrir un rendez-vous agréable aux citoyens, dans un lieu où ils pourraient respirer encore les germes de plusieurs maladies funestes.

Après le complet assainissement de ce terrain, on ne sera pas tout-à-fait à l'abri des exhalaisons marécageuses qui arrivent dans cette direction, parce que le Peugue et la Devèze donnent lieu à quelques stagnations de leurs eaux, dans la vallée peu profonde qu'ils parcourent, en traversant les communes de Pessac

---

(1) Mémoire N°. 2 , page 27 ; Mémoire N°. 3, page 62.

et de Mérignac. C'est à leur influence que l'on
a dû imputer la dyssenterie épidémique qui
affligea, il y a peu d'années, ces deux communes et leurs limitrophes. Il sera bien plus
facile et moins coûteux, dans ces communes,
de faire rentrer dans leur lit les eaux débor-
dées de ces ruisseaux ; et si les travaux nécessaires entraînaient trop de difficultés, on pourra
employer les mêmes plantations, et compter
sur un succès au moins égal.

Trois des précédens auteurs proposent de
combler les fossés de la ville (1) ; leurs vœux
ont été prévenus depuis long-temps, car les
fossés de Ste.-Eulalie et de St.-Julien ont presqu'entièrement disparu, et commencent à se
couvrir de maisons ; ceux de Ste.-Croix sont
en partie comblés, et vraisemblablement auront disparu sous peu d'années. L'administration municipale, dont le zèle est enchaîné depuis très-long-temps par la pénurie de ses finances, n'a pas négligé de faire concourir les
entreprises particulières au bien public, en
obligeant ceux qui font bâtir à faire transporter
les décombres, soit dans ces fossés, soit dans
les terrains marécageux qu'il faut exhausser ;
de sorte que le marais de la Chartreuse, si

_____

(1) Mémoire N°. 3, page 19 ; Mémoire N°. 4, page 9 ;
Mémoire de 1811, page 111.

justement décrié, diminue d'étendue chaque
année, dans sa partie la plus voisine de la
ville, et son sol mobile et fangeux est changé,
peu à peu, en une surface pierreuse et solide.

CHAPITRE IV.

Moyens de conserver à l'air atmosphérique les
autres qualités qui lui sont nécessaires.

Nous n'avons considéré jusqu'ici, Messieurs,
dans l'air atmosphérique, d'autres qualités nuisibles que son humidité, qui est son vice habituel et principal, et les miasmes marécageux;
cependant, il peut pécher, par une chaleur et
une sécheresse excessive, par la qualité et la
proportion de ses élémens.

§. Iᵉʳ. — *Dans la voie publique.*

L'atmosphère de Bordeaux acquiert quelquefois en été une chaleur très-forte qui exige
des précautions propres à la tempérer; les Magistrats ordonnent alors aux particuliers d'arroser deux fois par jour le pavé qui est au-de-
vant de leurs maisons, et ils font arroser eux-
mêmes les chaussées et les promenades publiques. Il serait également utile d'établir dans
cette saison, des fontaines jaillissantes sur les

places publiques et des courans d'eau dans les
rues (1), afin d'y entretenir continuellement
une évaporation rafraîchissante.

Malgré les avis contraires de quelques hommes éclairés, qui seront trop justes pour nous
accuser de vouloir former une forêt dans la
ville, nous pensons qu'il serait très-utile, pour
la purification de l'air pendant les deux tiers
de l'année, et pour son rafraîchissement pendant l'été, de diviser la ville en divers quartiers bien circonscrits par des allées de grands
arbres qui traverseraient la ville de l'est à
l'ouest, comme les allées des fossés de Ville et
des Chartrons, aboutissant d'une part au port,
et de l'autre aux boulevards extérieurs. Cependant, si la crainte de se priver de l'aspect
magnifique des plus belles maisons et les vœux
des propriétaires s'opposent à cette mesure,
nous devons insister du moins sur la nécessité d'exécuter ces plantations sur toutes la façade du port, et d'y former une allée conti-

---

(1) Ces jets d'eau, ces courans ne doivent point avoir
lieu pendant la saison froide et humide, c'est pourquoi
on devrait alors empêcher l'eau surabondante de la fontaine St.-Projet de couler incessamment comme de cou-
tume, sur la place de ce nom et dans la rue Ste.-Catherine;
d'y former en hiver, d'abord une nappe de glace qui obstrue
le passage, puis un cloaque bourbeux très-désagréable pour
le public.

nue d'arbres étêtés , qui, sans ôter la perspective des maisons , formerait une promenade et
un chemin couvert pour les piétons ; chose qui
serait aussi agréable que salutaire à toutes les
personnes qui, chaque jour, lorsque le soleil
est le plus ardent, sont obligées de se rendre
des deux extrémités du port à la Bourse , pour
leurs affaires commerciales.

Les auvents , les voiles et les tentes sont d'u-
tiles abris contre l'excès de la chaleur solaire ;
mais ils ont entr'autres inconvéniens celui
d'embarrasser la voie publique. Ces moyens
seraient bien efficacement remplacés , si l'administration municipale adoptait pour toutes
les maisons de chaque rue, un plan uniforme de
construction , mesure désirable sous plusieurs
rapports. On pourrait alors suivre un usage
pratiqué dans plusieurs villes de l'Orient, et
tendre, d'un sommet à l'autre des rangées des
maisons, des toiles qui abriteraient tous les
passans pendant les heures les plus chaudes de la
journée. Cet usage empêcherait d'imiter quelques villes méridionales , où pour se soustraire
à la trop grande action des rayons solaires, on
donne une plus grande étroitesse aux rues (1), et
on les prive ainsi en grande partie de l'influence
de la lumière , si importante chez nous, pour

----

(1) Mémoire de M. Pierrugues, pag. 73.

4

combattre avec succès les mauvais effets de l'humidité atmosphérique.

Le gaz oxygène, qui entre pour un quart à peu près dans la composition de l'air atmosphérique, est indispensable pour la respiration ; il préside aussi à la sanguification, qui ne peut être altérée sans que les autres fonctions languissent ou s'éteignent. Ce gaz oxygène, absorbé par les fonctions des animaux et dans beaucoup d'opérations de la nature et des arts, est restitué à l'atmosphère par l'action de la végétation, de la lumière et des vents. Nous devons donc favoriser cette action et cette restitution, en établissant la plus libre circulation de l'air dans les rues et dans les habitations, en le soumettant autant que possible à l'influence des rayons solaires, en le faisant communiquer avec des végétaux vigoureux.

l'élargissement, le redressement, l'ouverture de beaucoup de rues, que nous avons conseillé ci-dessus dans un autre but, concourront également à ce dernier objet ; nous n'exposerons point ici en détail quelles sont ces rues, ni quelles dimensions il faut leur donner d'après leur importance et leur destination ; MM. Dupré de St.-Maur, Pierrugues et quelques-uns de nos concurrens, ont donné à ce sujet des avis utiles, qui seront néanmoins susceptibles de modifications, suivant le plan général que l'administration adoptera.

§. II. — *Dans les édifices.*

Nous passons une si grande partie de notre
vie dans nos maisons, qu'il devient très-important d'examiner si elles réunissent les conditions nécessaires pour être salubres. Il est
rare qu'il en soit ainsi, parce qu'en les cons-
truisant on ne s'est presque jamais occupé de
leurs rapports avec la conservation de la santé.
L'on doit à l'ignorance, à l'imprévoyance et à
l'économie sordide de ceux qui les ont édi-
fiées, les maisons hideuses, obscures, humides, mal distribuées et mal bâties que l'on
trouve dans le sein de la ville, mais plus souvent dans les faubourgs ; maisons dépourvues
de caves ; dont le sol est inférieur à celui de
la rue ; dont le toit est élevé seulement d'un
mètre, ou même moins, au-dessus de la voie
publique ; enfoncées dans un lieu marécageux
et recueillant ses exhalaisons ; admettant avec
peine l'air et la lumière ; n'ayant que d'impar-
faites issues pour les eaux. Parcourez les quartiers de Ste.-Croix, de St.-Michel, de St.-Ni-
colas, de Ste.-Eulalie, de St.-Seurin, de St.-
Louis, etc., vous y verrez beaucoup de maisons
qui réunissent la plupart de ces vices ; mais ce
qui vous affligera surtout, c'est de les remarquer dans de petites maisons peu anciennes,
destinées aux pauvres, qui ignorent que ce sé-

jour ajoutera le fléau des maladies aux autres maux de la misère.

La terre, surtout, lorsqu'elle est couverte d'un édifice, exhale toujours des vapeurs humides, qui relâchent les fibres vivantes et qui soutirent le calorique animal, principal agent de nos fonctions. Ce refroidissement et ce relâchement continuels s'opèrent principalement par les pieds de ceux qui habitent le rez-de-chaussée. Pour qu'ils soient préservés de cette action débilitante, il est nécessaire qu'une couche d'air soit interposée entre le sol qui les soutient, et le sein de la terre ; cet isolement est produit par les caves, dont l'air se charge de la plus grande partie de l'humidité exhalée, qu'il évacue par leurs soupiraux, sans avoir agi sur la santé des habitans de la maison. Les autres causes de l'humidité et de l'altération de l'air dans les maisons, exigent diverses précautions que l'auteur du Mémoire N°. 3 énumère comme suit (1) :

1°. *Il faut apporter le plus grand soin dans le choix de leurs matériaux*, car des pierres salpêtrées ou récemment sorties des carrières, des bois encore verts, des murs nouvellement plâtrés, des peintures récentes, surchargent l'air d'humidité ou de gaz irrespirables, tels que

(1) Page 13 et suivantes.

l'acide carbonique et autres ; 2°. *S'opposer à l'infiltration de l'eau à la surface du sol sur lequel les maisons sont élevées.* Cette mesure est indispensable dans celles de la façade du port, vers le lieu occupé autrefois par la porte navigère, dans celles de l'allée d'Albret, celles qui longent la grande rue Lagrange, etc. Cet auteur veut que l'on donne à la terre de ces caves une consistance suffisante, en y établissant un lit de pavés étroitement serrés, en le recouvrant de plusieurs couches d'un mortier fait avec le silex broyé et la chaux vive, en carrelant par dessus ces enduits, en étendant sur les carreaux une couche épaisse de sable, de terre, etc. Des couches alternatives de charbon pilé et d'argile pure nous semblent devoir être tout au moins aussi efficaces ; 3°. *Elever les appartemens inférieurs au-dessus du niveau du sol, les distribuer avec ordre.* La première de ces conditions, violée généralement sur le chemin de St.-Genès, dans la grande rue Lagrange et autres du marais des Chartrons, est cependant indispensable pour la salubrité ; 4°. *Proportionner la hauteur des maisons à la largeur des rues ; ne les élever qu'à une certaine distance des lieux plantés d'arbres.* Quoique les arbres produisent pendant le jour une grande quantité d'oxygène qui purifie l'atmosphère, cependant ils exhalent aussi beaucoup d'humidité qu'il est bon d'éloigner ; 5°. *Donner aux chambres à coucher une capacité suffisante , et si l'on veut y annexer des alcoves , les modifier de manière à diminuer leurs inconvéniens.* Le gaz oxygène étant absorbé dans l'acte de la respiration, si la quantité d'air dans laquelle nous serions renfermés ne fournissait pas assez d'oxygène, nous péririons bientôt dans ce fluide que nous-mêmes aurions rendu mortel (1) ; 6°. *Favoriser le trajet de l'air dans l'intérieur des maisons, par un juste rapport entre les entrées et les issues.* L'air étant continuellement vicié par la respiration, par la transpiration, par les émanations de toutes les substances animales et végétales mortes, par la combustion, et plusieurs autres opérations de la nature, il doit être sans cesse renouvelé dans nos demeures, et céder la place à d'autre air plus propre à être respiré ; c'est la condition la plus rigoureusement exigible pour tout lieu habité ; 7°. *Laisser à la lumière un facile accès dans les diverses pièces du logis.* Toutes les maisons obscures sont insalubres et favorisent singulièrement la naissance et les progrès des maladies atoniques et cachectiques ; 8°. *Y entretenir soigneusement la propreté par des lavages fréquens, et supprimer les dalles infectes, souvent*

---

(1) Rapport des commissaires de l'académie royale des sciences de Paris, sur le projet d'un nouvel Hôtel-Dieu, p. 57.

*chargées d'immondices, qui traversènt les corri-
dors.* La propreté est absolument nécessaire;
mais pour l'obtenir il ne faut pas toujours employer les lavages, qui pourraient augmenter à
l'excès l'humidité. Toutes les mauvaises odeurs
sont nuisibles, parce qu'elles sont dues à des
molécules gazeuses irrespirables, et qu'elles
produisent des affections nerveuses. L'auteur
précité s'élève avec raison contre les passages
étroits, infects, obscurs, qu'on laisse subsister dans plusieurs quartiers, tels que la rue
sous les auvens, près St.-Michel, et un grand
nombre d'autres qu'il serait aussi fastidieux
qu'inutile d'énumérer; 9°. *Disposer contre les
influences extérieures des moyens de garantie
variés, selon le genre d'exposition.* On garantit
des intempéries atmosphériques au moyen des
auvents, des doubles fenêtres, des jalousies,
des portes vitrées, des tentes, des péristyles,
des arcades, etc. Les riches emploieront avec
succès, contre le chaud, l'usage des ventilateurs,
et contre le froid, les tuyaux de chaleur, cir-
culant au-dessous des planchers. La construction uniforme des maisons de chaque rue, les
abritera, les unes par les autres, mieux que
toute autre mesure. Quant aux paratonnerres,
les magistrats exigeront qu'il y en ait dans tous
les quartiers, à des distances convenables, sur
les édifices les plus élevés et les plus exposés.

L'auteur du Mémoire N°. 4, a aussi fixé son
attention sur les vices des maisons habitées par
les pauvres et les ouvriers, que le bon marché
des loyers relègue pour la plupart dans les faubourgs. Convaincu, avec raison, qu'ils seraient
moins sujets aux maladies et qu'une génération
nouvelle serait plus belle et plus forte, s'ils
étaient mieux logés, il propose *d'élever leurs
maisons et de les exposer vers le levant ; d'y rendre la ventilation plus facile ; d'y entretenir une
extrême propreté à l'extérieur comme à l'intérieur ; de blanchir de temps en temps les appartemens ; d'y faire souvent du feu pour activer
les courans d'air, réchauffer, dessécher et assainir ; d'avoir quelquefois recours aux fumigations d'acide muriatique ; d'y établir des
caves ; d'éloigner de la ville les étables et les
écuries, etc.* (1).

Vous reconnaîtrez aisément, Messieurs, l'utilité de tous ces conseils, et qu'il serait facile
d'en ajouter beaucoup d'autres ; vous sentirez
en même-temps combien de difficultés s'oppo-
seront à l'exécution de plusieurs des améliorations proposées, difficultés qu'il eût été facile
de prévenir dans le principe. Frappé de la multitude des vices de construction que présentent
la plupart des maisons, même modernes, et

(1) Mémoire N°. 4, p. 13 et 14. Mémoire N°. 2, p. 18.

des graves inconvéniens qui en résultent, vous
rechercherez si ces vices ne sont pas dus à quelques causes générales, et vous vous arrêterez
avec nous sur les suivantes :

1°. La belle profession de l'architecte est,
comme la nôtre, depuis bien long-temps desho-
norée par des intrus ; le maçon, ignare et non
lettré, s'imagine que pour élever un édifice il
suffit d'arranger des pierres sur des pierres, et
de les tenir réunies par du mortier ; il les dis-
pose sans goût, sans intelligence, sans prévoyance, et sans autre vue que de gagner ses
journées ou son prix fait. Après plusieurs opérations de ce genre, il se croit architecte, il se
donne pour tel; et si l'aveugle fortune le favorise, ce qui arrive quelquefois, il devient
l'homme en vogue, et il acquiert des richesses
en multipliant ses fautes avec ses opérations,
pendant que l'homme instruit et modeste, le
véritable architecte, languit délaissé, reconnaissant trop tard l'inutilité de ses longues
études, et traçant dans son cabinet des plans
d'embellissement et de salubrité, dont il ne re-
cueillira aucun fruit;

2° D'autre part, le propriétaire de la plus
petite portion de terrain se croit le droit d'y
bâtir comme il l'entend, sans se soumettre à
aucune convenance, ou même, ne soupçon-
nant pas qu'il y en ait plusieurs qui intéressent

particulièrement sa conservation. Il détermine
seul, l'assiette et l'exposition de sa maison ; il
choisit les matériaux ; il arrête les dimensions
et les distributions intérieures, les pentes, les
ouvertures, les issues ; et réglant toutes ses
combinaisons, d'après des vues commerciales,
ou une économie mal entendue, ou son em-
pressement de jouir; il lésine sur toutes les
dépenses, il se confie à l'entrepreneur le moins
exigeant, et il obtient bientôt un logement très-
insalubre, dont il ne prévoit pas la funeste
influence sur lui-même, sur sa famille, et sur
ses successeurs.

Il est temps enfin de remédier radicalement
à un mal, dont la durée paraît sans limites, et
d'adopter les principes qui doivent diriger une
ville bien administrée. Les droits des particuliers finissent là où ceux de la société commencent; or, une société civilisée a le droit de
vouloir que tous ceux qui la composent, aient
des habitations salubres, et de s'opposer aux
projets de ceux de ses membres, qui, égarés
par un intérêt pécuniaire momentané, sont
tentés de lui sacrifier les intérêts majeurs et
durables de la population, en exposant plusieurs générations successives à des maladies
certaines et à une mort prématurée. Pour prévenir ces écarts et leurs malheureuses suites,
nous croyons qu'il est indispensable de rétablir

la profession de l'architecte, dans sa dignité primitive, dans ses droits et ses attributions exclusives, et qu'il faut imposer aux propriétaires qui veulent bâtir, des régles qu'ils ne puissent enfreindre, sans encourir une responsabilité suffisante pour faire abandonner des projets dangereux. Nous proposons en conséquence;

1°. D'établir à Bordeaux une corporation d'architectes jurés dans laquelle on ne pourra entrer qu'en prouvant qu'on a les connaissances requises pour exercer honorablement cette profession;

2°. Aucune maison ne pourra être bâtie ou réparée, aucune construction ne pourra être faite ou changée, que le plan n'en ait été tracé par un architecte juré;

3°. Tout plan de construction nouvelle devra être soumis à l'approbation du comité municipal de salubrité, avant que l'exécution en soit commencée;

4°. Les architectes et les propriétaires seront responsables de l'inexécution des précautions prescrites par le comité de salubrité, et des changemens qui auraient été faits aux plans approuvés par lui;

5°. La corporation des architectes entretiendra un ou plusieurs professeurs d'architecture, dont les appointemens fixes seront pris sur les droits de réception ;

6°. Les entrepreneurs de constructions et autres subordonnés des architectes, seront également soumis à des examens et à une réception.

CHAPITRE V.

Des émanations putrides et méphitiques.

Il s'élève dans l'atmosphère des molécules hétérogènes qui altèrent sa pureté et qui affectent très-désagréablement l'odorat. La plupart de ces molécules sont fournies par des substances organiques en putréfaction, principalement par des substances animales ; introduites dans nos corps, elles peuvent y développer des maladies putrides ; cependant, nous devons pour la tranquillité de nos concitoyens, leur faire remarquer que les effets dangereux de ces émanations ne sont pas proportionnés à leur fétidité, et que les gaz irrespirables sont bien plus dangereux quoiqu'ils affectent moins nos sens. Nous allons considérer ces émanations dans leurs principaux foyers.

§ 1er. — Les égouts.

Ces canaux débarrassent promptement la voie publique de toutes les eaux pluviales qui ne sont point infiltrées dans le sein de la terre, des eaux usuelles qui ne peuvent plus servir, d'une multitude très-variée d'immondices et de débris. Dans quelques quartiers voisins de la rivière, les maisons n'ont point de fosses d'aisance, et leurs latrines se vident immédiatement dans les égouts où les eaux de la Garonne s'introduisent à chaque marée. Ce mélange putride et infect ne s'écoule pas toujours avec facilité, parcequ'il contient une grande quantité de matières terreuses et pierreuses, enlevées à la surface des rues et des places. Ouverts dans les quartiers les plus bas de la ville, pour recevoir les eaux bourbeuses qui affluent de toutes parts, les égouts laissent échapper par ces ouvertures les gaz fétides les plus légers, lorsqu'il arrive que ceux-ci se dégagent avec abondance ; ils contribuent de cette manière à corrompre l'air que les habitans respirent, et deviennent dangereux, surtout pour les ouvriers que l'on emploie à leur récurement. Nous n'examinerons point en détail tous ces canaux excréteurs, et nous nous bornerons à parler des deux principaux ruisseaux qu'on a fait utilement servir à cet usage. Ce que nous dirons du Peugue et de la Devèze, pourra facilement être appliqué, aux autres égouts moins importans.

Pour que toutes les matières contenues dans

(62)

les égouts soient promptement entraînées dans
la rivière, il est nécessaire que ceux-ci reçoivent
habituellement une assez grande quantité d'eau
et qu'ils aient une largeur, une hauteur et une
pente suffisantes. M. Dupré de St.-Maur dési-
rait pour cet effet que les lits du Peugue et de
la Devèze fussent baissés de sept à huit pieds;
ce vœu a été exaucé en partie, il y a peu d'années, par les ingénieurs Bremontier et Didiet,
qui ont fait creuser le lit du Peugue jusqu'au
Mû, et qui l'ont baissé de sept pieds au pont
d'Albret (1). Nous ne nous établirons point
juges entre les ingénieurs anciens et les modernes; mais en reconnaissant l'utilité de l'a-
baissement des lits de ces deux canaux, pour
obtenir l'effet désiré, nous ne devons pas dissimuler qu'il en résultera un très-grave inconvénient, l'admission journalière des eaux de la
Garonne, dans la plus grande partie de leur
trajet, et leur engorgement fréquent par les
dépôts vaseux. C'est pour éviter cet inconvénient que les auteurs de ces deux canaux leur
donnèrent la pente que nous allons faire connaître, d'après la 3me. des planches que M. Dupré de St.-Maur a jointes à son Mémoire.

Depuis le pont de Lambert jusqu'à la rivière
à basse mer, la Devèze a 1693 toises de lon-

(1) Mémoire N°. 3, note 21.

gueur, et 29 pieds 6 pouces 3 lignes de pente.
Celle-ci est beaucoup plus rapide depuis l'égout
de St.-Pierre jusqu'à la rivière, puisque dans
ce trajet, qui est de 90 toises, la pente est de
11 pieds 1 pouce 6 lignes. Le surplus du trajet,
formant 1603 toises, n'a donc que 18 pieds 4
pouces 9 lignes de pente, ce qui fait à peu près
1 pied 1 pouce 9 lignes par cent toises; mais il
y a dans ce trajet quatre chutes ou cascades,
formant ensemble 7 pieds 9 pouces de hauteur.

Depuis l'escalier du sieur Dartigaux jusqu'à
la rivière à basse mer, le Peugue parcourt un
trajet de 1519 toises, et a 22 pieds 2 pouces 1
ligne de pente. Celle-ci est beaucoup plus rapide depuis la tuerie des bœufs, rue du Mû:
car dans ce trajet de 190 toises, la pente est de
14 pieds 6 pouces 6 lignes, ce qui réduit à 7
pieds 7 pouces 7 lignes le surplus de la pente
pour 1329 toises de trajet, à peu près 7 pouces
par cent toises.

Ce peu d'inclinaison du Peugue a fait désirer de tout temps que son lit fût baissé; mais
M Dupré de St.-Maur ne s'en était pas dissi-
mulé les inconvéniens, qu'il expose en ces
termes : « 1° Comme dans l'état présent des
» choses la hauteur du seuil ou souillard du
» ruisseau du Peugue au mur de la ville n'est
» que de 16 pieds 4 pouces 6 lignes au-dessus
» des basses eaux de la Garonne, prise au

» niveau du pavé de l'aqueduc qui est sur le
» bord de cette rivière, il est constant que si
» l'on baisse ce souillard de cinq pieds il ne
» sera plus supérieur à la basse mer que de 11
» pieds 4 pouces 5 lignes, ce qui ne sera guère
» que la hauteur des marées ordinaires. Ainsi,
» dans les temps des équinoxes et des grands
» maréages, qui montent à près de 17 ou 18
» pieds, les eaux de la Garonne ayant la fa-
« culté de refluer plus avant qu'elles ne fai-
» saient dans le lit du Peugne, inonderaient
» presque le terrain du marais qu'il s'agit de
» préserver. Cependant, comme elles auraient
» après cela une bien plus grande facilité pour
» reprendre leur écoulement, et qu'au fond
» l'opération de l'abaissement du souillard ne
» change rien à la hauteur respective du ma-
» rais et des hautes eaux de la rivière, cette
» objection ne paraît pas devoir arrêter beau-
» coup ;

    » 2°. En adoucissant ainsi et prolongeant la
» pente du lit du Peugne, il est indubitable
» que, dans le reflux, les eaux de la Garonne
» y déposeront plus aisément le limon tenace
» qu'elles charrient, et que ce limon obstrue-
» rait en assez peu de temps le lit du ruisseau
» si l'on ne trouvait le moyen de l'empêcher.
» C'est vraisemblablement cette raison qui
» avait déterminé à ménager la pente du ruis-

» seau, de manière qu'elle fût beaucoup plus
» précipitée aux approches de la rivière, et
» même que son sommet fût supérieur aux
» marées communes. Pour parer à cet inconvé-
» nient, il me semble qu'on pourrait établir
» sur le sol du ruisseau un pavé en pierre de
» taille, bien dressé et uni, dont le milieu,
» dans la totalité de sa longueur, serait plus
» creux que les deux côtés, soit en mettant
» chaque côté en talus, soit en adoptant une
» forme courbe (1), qui ramenerait également
» les vases vers le milieu où l'eau du ruis-
» seau les entraînerait plus facilement (2) ».

Il serait plus aisé de donner à la Devèze
la pente désirée, parce qu'à son entrée dans la
ville, le lit de ce ruisseau est de 2 pieds 8 pouces
plus élevé que celui du Peugue ; mais une autre
amélioration qu'il réclame, c'est le redressement de sa direction très-sinueuse qui affaiblit
la vitesse et la force de son courant. M. Dupré
de St.-Maur, a indiqué un redressement par-
tiel, qui nous paraît très-insuffisant (3). Si

---

(1) Le ruisseau du Peugue a été pavé il y a quelques
années en arc renversé, depuis le marais jusqu'au Mû.
Mémoire N°. 3, note 24.

(2) Mémoire N°. 3, pages 15 et 16, notes.

(3) Le Mémoire N°. 3 indique aussi la nécessité de quelques redressemens des canaux-égouts, principalement de
celui de la Foudaudège, page 40.

5

l'administration adopte cette mesure, que rendront peut-être nécessaire les nombreux rétrécissemens illégaux, que ce canal a subis de la part des propriétaires riverains, nous pensons qu'il est préférable de lui creuser un nouveau lit, d'abandonner l'ancien, de réunir ce ruisseau à celui de Cauderan, vers la place Mériadec, et de conduire leurs eaux en ligne droite à la rivière, sous les rues Lavie, Monbazon, des Trois-Conils, de la Merci, St.-Siméon, Maucoudinat, et la rue qui probablement sera ouverte un jour dans la même direction, pour former avec les précédentes une belle rue centrale, qui sépare la moitié septentrionale de la ville, de la moitié méridionale.

Pour prévenir l'engorgement vaseux des égouts, on a proposé le placement d'une vanne vers leur extrémité. Ce moyen, bien moins avantageux que l'inclinaison rapide, actuellement existante, prolongerait dans ces canaux le séjour des matières infectes ; il favoriserait la diffusion des vapeurs méphitiques ; il pourrait donner lieu à l'inondation des marais, comme cela est arrivé il y a quelques années (1) ; il produirait un effet diamétralement opposé au but pour lequel on construit les égouts.

(1) Mémoire N°. 3, note 25.

Nous devons en dire autant des écluses proposées par l'auteur du Mémoire N°. 1 (1).

Leur récurement est également nécessité par
l'accumulation successive de la terre, du gravier et du sable des pavés, de toutes sortes de
décombres et de débris, qui forment sur leur
fond une couche épaisse et compacte que les
eaux courantes ne peuvent délayer et entraîner.
Pour faciliter ce récurement, on a proposé de
pratiquer dans les principaux endroits où les
eaux pluviales tombent, des espèces de réservoirs, qui, recevant d'abord ces eaux, retien-
draient les sables et autres matières, en ne
laissant sortir l'eau que par des dégorgeoirs
ouverts à une certaine hauteur, et qui n'en
rendraient que le trop plein (2).

Ce récurement doit être fait en hiver et à des
époques réglées, par exemple, tous les deux
ans ; les matières extraites ne doivent pas de-
meurer déposées sur la voie publique, comme
elles le furent en 1805, ce qui occasionna une
épidémie ; mais recueillies aussitôt dans des
tombereaux fermés, transportées dans la campagne et enterrées dans un lieu sablonneux et
isolé. Pour plus grande sûreté, on peut achever
de remplir les tombereaux avec de l'eau et jeter

(1) Mémoire N°. 1, page 31.
(2) Dupré de St.-Maur, page 19.

de la chaux sur les matières enterrées. Il est très-nécessaire de ne pas négliger le récurement périodique des égouts, parce que les matières terreuses qu'ils transmettent dans la Garonne contribuent sans cesse à l'exhaussement de son lit.

Pour diminuer le danger dont les égouts nous menacent, on a proposé aussi de les voûter dans toute leur étendue, d'éloigner de leurs bords tous les ateliers qui fournissent beaucoup de vapeurs putrides ou méphitiques ; d'interdire aux propriétaires des maisons contigues la faculté d'évacuer leurs latrines dans ces canaux (1). Nous adhérons volontiers à ces avis, non-seulement parce qu'ils tendent à diminuer la masse des effluves dangereux dans les quartiers les plus habités, mais aussi parce qu'ils diminueront l'infection des eaux de sources, produite par les infiltrations insensibles qui se font autour des canaux-égouts à une très-grande distance.

§. II. — *Des tueries et des autres ateliers produisant des émanations nuisibles.*

Quoique nous venions de préjuger le sort de ces établissemens, il n'est point superflu de

_____

(1) Mémoire N°. 1, page 20 ; Mémoire N°. 3, page 40 et suivantes.

les considérer sous divers rapports. Plusieurs
motifs doivent faire reléguer loin du centre
de la ville toutes les tueries, soit communes,
soit particulières, qui existent dans les rues
du Mû, des Trois-Canards et autres, dans la
direction du Peugue ou ailleurs. Ce n'est pas
seulement pour préserver de leurs émanations
les quartiers très-populeux dans lesquels elles
sont situées, c'est aussi pour éloigner des regards curieux de la multitude un spectacle dégoûtant, dont la répétition ne tend à rien
moins qu'à rendre ses mœurs dures, impitoya-
bles, féroces; c'est enfin pour prévenir les
dangers que peuvent faire courir des animaux
furieux, échappés dans les rues après avoir reçu
les premiers coups destinés à leur ôter la vie.

Tous les auteurs sont d'accord sur la nécessité de placer les tueries hors de la ville, et
attendu qu'un courant d'eau est nécessaire
pour entraîner leurs immondices, plusieurs
ont cru satisfaire à toutes les indications en les
fixant sur les bords du Peugue ou de la Devèze. L'auteur du N°. 1 les place un peu à l'est
de la porte de la Grave (1) ; l'auteur du N°. 4
les transporte au nord de la ville, à côté des
magasins du Roi, servant à des usages analogues (2) ; l'auteur du Mémoire de 1811 et

(1) Page 19.
(2) Page 12.

celui du N°. 3 veulent un abattoir général placé
à l'embouchure du ruisseau de l'Eaubourde ou
Guy, entre la chaussée et la Garonne (1). Cet
avis est bien préférable, sans doute, mais la
mesure proposée nous paraît insuffisante ; nous
pensons : 1°. Qu'un abattoir général et exclusif
est nécessaire ; 2°. Qu'il doit être une propriété
de la ville, dirigée et surveillée par l'autorité
municipale ; 3°. Qu'il doit être placé sur le
bord de la Garonne, à l'embouchure de l'un
des ruisseaux qui coulent au nord ou au sud
de la ville, ou mieux encore, sur la rive droite
du fleuve ; 4°. Qu'indépendamment du courant d'eau qui doit entraîner les immondices,
il est nécessaire d'y amener un filet d'eau potable pour le lavage et la préparation des
viandes qui doivent servir d'alimens ; car il
serait inconvenant d'employer à cet usage des
eaux marécageuses ou celles qui auraient servi
aux blanchisseuses ou à d'autres usages ; 5°. Que
de sages réglemens empêcheront qu'on y reçoive des animaux malades ou impropres à
fournir des alimens salubres ; 6°. Qu'un établissement de salaisons de viandes, pour l'approvisionnement des navigateurs, doit être
formé auprès de cet abattoir, et soumis à la
même surveillance.

_____

(1) Mémoire de 1811, page 114 ; Mémoire N°. 3, page 74
et suivantes.

Si l'on se détermine à placer ces établissemens sur la rive droite de la Garonne, où il y
a des courans d'eau et de très-bonnes sources,
l'achévement du pont de Louis XVIII et une
suffisante quantité de bateaux attachés à ces
ateliers fourniront toutes les facilités désirables
pour le transport des viandes dans les dépôts
particuliers de tous les quartiers de la ville.

Les autres ateliers ou magasins qui infectent
l'air doivent être distingués en ceux qui répandent des exhalaisons animales putrides et en
ceux d'où s'exhalent d'autres substances aériformes, impropres à la respiration. Les premiers se rapprochent des établissemens précédens par leurs effets nuisibles; ce sont ceux
des mégissiers, des corroyeurs, des fabricans
de cordes d'instrumens, des tanneurs, des par-
cheminiers, des fondeurs, des amidonniers, des
chapeliers; ceux où l'on fabrique les cendres
gravelées, etc. Il convient de les éloigner de
l'intérieur de la ville (1) et de leur assigner des
quartiers où ils trouvent les eaux nécessaires
pour leurs opérations. Les eaux de l'Eaubourde et de Talence, au sud; ceux de l'estey
Crebat, de l'estey de Lauzun, de la Jallère et
de la Jalle, au nord, sont plus propres pour

_____

(1) Mémoire N°. 1, page 15 et suivantes; Mémoire N°. 3,
page 76; Mémoire N°. 4, page 11.

cet objet que ceux du Peugue et de la Devèze, attendu que ceux-ci sont placés à l'ouest de la ville, et sont déjà entourés d'habitations.

Les brasseries qui produisent une si grande quantité d'acide carbonique, les fabriques où l'on décompose les minéraux et qui répandent des vapeurs acides et alcalines, sulfureuses ou métalliques, sont aussi dans le cas de fixer l'attention des Magistrats ; mais ces ateliers sont rares à Bordeaux, et les entrepreneurs les ayant placés dans des lieux écartés, au-delà de l'estey Majou, sur le chemin de St.-Genés, au-delà de l'église St.-Seurin, nous n'en ferons mention que pour servir d'avertissement dans le cas où les progrès du commerce vinssent à donner lieu à des établissemens de cette nature.

Il serait également à désirer que l'on put éloigner de l'intérieur des villes les raffineries, les verreries, les ateliers des chaudronniers, des ferblantiers, des forgerons, dont le bruit et les vapeurs sont si incommodes pour les personnes qui ont les nerfs délicats et susceptibles de recevoir facilement des impressions fâcheuses. Quant aux ateliers des artificiers et aux dépôts de poudres, ils sont trop dangereux pour qu'on puisse mettre en doute leur éloignement. Les désastres éprouvés par les villes de Leyde, de Bréda et de Toulouse, sont d'ailleurs, pour une administration paternelle, des leçons asséz terribles pour lui faire sentir que les convenances militaires doivent céder au devoir de conserver les villes et leur nombreuse population.

§. 3. — *Des Marchés et des Bourriers.*

On a ôté le grand marché des comestibles du centre de la ville, quoiqu'il y fût placé sur les bords du Peugue qui recevait immédiatement les immondices, les liquides et les eaux de lavage ; il était dans un quartier où des bâtimens hideux et antiques, des irrégularités de construction les plus choquantes, appellent depuis long-temps des destructions et des redressemens considérables, qui eussent donné des occasions prochaines et de grandes facilités pour agrandir et améliorer l'espace nécessaire. On a transporté ce grand marché vers le sud, quoique la population de la ville se porte davantage vers le nord ; on l'a placé sur le bord d'une promenade très-fréquentée, dont l'air se trouve ainsi continuellement infecté ; il est entre l'Hôtel-de-Ville et le nouveau Palais de justice, dont les abords sont obstrués, et où les délibérations des Magistrats et les occupations silencieuses de leurs subordonnés, sont sans cesse troublées par le murmure orageux d'une multitude immense, et les clameurs de la populace la plus bruyante.

Cette faute a été réparée en partie par l'établissement du petit marché des Grands-Hommes,
qui n'a point d'eau, et par celui du marché
des Chartrons qui est très-peu fréquenté.

L'administration municipale a sans doute
rendu un grand service à nos concitoyens, en
partageant la vente journalière des comestibles
sur plusieurs places ; mais pour compléter ce
service, il faut que ces marchés soient à peu
près d'une égale importance par leur étendue,
par leur position, par l'affluence des comestibles de toute espèce, et par leurs autres avantages, afin que l'un d'eux ne continue pas à
attirer de préférence les vendeurs et les acheteurs. Trois grands marchés nous paraissent
nécessaires à Bordeaux, un pour chacune
des parties de la ville, qui formaient ci-devant
une municipalité. Le grand marché actuel,
outre les vices de sa position, n'est pas assez
rapproché des habitans du sud , il serait
mieux placé sur le vaste espace vacant, entre
les portes Ste.-Eulalie et d'Aquitaine (1) , ou
mieux encore, sur la belle place qu'on pourrait
former, en réunissant, au moyen de quelques
destructions et de quelques alignemens, la
place du Marché-Neuf, celle de Canteloup et
l'ancien cimetière de la paroisse St.-Michel.

---

(1) Mémoire N°. 1 , page 18.

Cette place est déjà pourvue d'une fontaine ;
le marché qui s'y tient tous les lundis, pourrait, sans inconvénient, être transporté sur la
promenade, appelée les Fossés. Le second
marché des comestibles, ou celui du centre,
pourrait être établi sur toute l'étendue de la
place Dauphine, où il faudrait amener de
l'eau ; le marché du nord est déjà formé aux
Chartrons, mais il a besoin d'être favorisé ; il
serait facile ensuite de l'agrandir.

Pour garantir des influences de l'atmosphère,
surtout de la chaleur solaire et de la pluie, les
marchands, les acheteurs et les denrées, on a
construit sur plusieurs de ces marchés de vastes
hangards, dont le toit trop peu élevé a la forme
d'un entonnoir renversé ; l'on n'a pas fait attention que cette forme les rend propres à rassembler et à retenir les exhalaisons gazeuses, fétides et irrespirables, fournies par les substances et par les personnes ; que ces exhalaisons
refoulées vers le bas entretiennent et augmentent l'insalubrité de l'air respiré dans ces lieux ;
et l'on n'a pas remarqué qu'il suffit pour prévenir ces mauvais effets, de pratiquer dans la
partie supérieure du toit de ces hangards, plusieurs ouvertures couvertes, qui, sans priver de
l'abri désiré, donneraient une issue facile aux
gaz fétides, plus légers que l'air atmosphérique,
et établiraient un courant d'air très-salutaire.

Quelques précautions que prenne l'autorité, les places destinées à cet usage rassembleront toujours une grande quantité de substances animales et végétales, atteintes par la putréfaction ou sur le point de l'être ; les pavés de ces places seront toujours couverts des débris de ces substances, et imprégnés de leurs sucs fétides ; l'air en demeurera infecté long-temps après que la place aura été évacuée, si l'on ne prend des mesures suffisantes pour le purifier ; c'est ce qu'on éprouve tous les jours sur la place du Grand-Marché actuel et sur celle du Poisson-Salé ; on l'éprouve aussi, mais à un degré inférieur, sur la place des Grands-Hommes, sur celle des Salinières, sur celle du Marché-Royal, à la Porte-Dijeaux et au marché des Chartrons.

Une autre cause d'insalubrité, c'est qu'on apporte sur ces marchés des fruits cueillis avant leur maturité, des viandes provenant d'animaux malades ou mal-sains, du pain mal cuit ou frauduleusement mélangé, divers autres comestibles avariés, altérés, sophistiqués de mille manières différentes.

Cette marche invariable de l'intérêt particulier luttant contre l'intérêt public, exige que les Magistrats prennent les mesures que nous allons indiquer : 1°. Les alimens nuisibles doivent être soustraits à la circulation et déposés en un lieu convenable pour être employés à d'autres usages ; 2°. Sur chaque place servant à la vente des comestibles, il y aura une fontaine jaillissante et un réservoir d'eau suffisant pour tous les lavages ; 3°. Aussitôt après l'heure prescrite pour la cessation des ventes, tous les bancs et tables qui ont servi pour l'exposition de la viande et du poisson seront lavés ; 4°. La place sera balayée (1) et tous les débris et immondices enlevés ; 4°. Le pavé, incliné en plusieurs sens, sera lavé, et les eaux dirigées vers un égout voisin ; 5°. L'action de la police, relative à la salubrité des comestibles, s'étendra sur les maisons particulières où l'on cache les denrées de toute espèce pour en faire hausser le prix, chez les charcutiers et tous les préparateurs de viandes ; 6°. Des mesures analogues seront prises pour maintenir la propreté sur les places destinées à la vente des chevaux, des bœufs et de toute autre espèce d'animaux ; sur celles où stationnent les fiacres, les charrettes, les attelages de bœufs.

L'auteur du Mémoire N°. 3 a proposé l'établissement d'une halle aux blés, construite et dirigée comme l'est celle de Paris. Cette mesure serait bien plus commode pour les vendeurs et les acheteurs, que les hangards surbaissés, insa-

---

(1) Mémoire N°, 1, p. 31 ; Mémoire N°. 3, p. 79.

lubres et sujets à de continuelles réparations ;
elle aurait d'ailleurs l'avantage de prévenir la
détérioration des grains, si fréquente dans les
magasins des particuliers ; c'est pourquoi nous
adhérons très-volontiers à cette proposition,
et nous croyons devoir la généraliser beaucoup
plus que ne l'a fait l'auteur précité ; en expri-
mant nos regrets et notre étonnement de ce
qu'une ville aussi peuplée que Bordeaux ne
possède aucun établissement semblable, quoiqu'on ne puisse en méconnaître la nécessité
pour la conservation du plus grand nombre
des marchandises et denrées, et pour préserver
le public contre les dangers causés par les vicissitudes de l'atmosphère.

La sagesse prévoyante des Magistrats déci-
dera s'il est bon et utile de former des magasins
de réserve, dans lesquels on rassemblerait une
grande quantité de grains achetés à bon marché dans les temps d'abondance, pour les re-
vendre au public, à un prix modéré, dans les
temps de disette et de cherté. Dans ce cas,
elle ne négligera aucune des précautions nécessaires, afin d'obtenir des succès égaux à ceux
des anciens, qui conservaient sans altération
de grands approvisionnemens de grains, pendant un très-grand nombre d'années.

Les balayures des marchés, les bourriers
des maisons particulières, les immondices quel-

conques, restées sur la voie publique, doivent être enlevées chaque jour, pour prévenir les mauvais effets de leur putréfaction commencée ou prochaine. Propres à fertiliser les champs sablonneux qui environnent la ville de toutes parts, pourquoi ces bourriers n'y sont-ils pas immédiatement transportés et enfouis, pour être ensuite distribués dans les diverses parties de chaque domaine? Pourquoi les propriétaires de ces domaines voisins ne traitent-ils pas habituellement pour la quantité qui leur est nécessaire avec l'entrepreneur de l'enlèvement des boues et bourriers? Cet usage serait certainement préférable à l'obligation d'établir un dépôt de ces matières, qui sera toujours désagréable et nuisible en quelque lieu qu'on le forme.

Cependant, si les besoins des champs plus éloignés de la ville exigent l'accumulation de ces matières dans des bateaux et leur transport par la voie du fleuve, nous ne voyons pas qu'il soit nécessaire pour cela de les amonceler sur la rive, et d'infecter constamment le quartier qui aura le malheur d'être choisi pour leur embarquement. Il nous paraît surtout inconvenant de donner la préférence pour cet objet au lieu qui servait naguère de dépôt, lieu très-fréquenté, parce qu'il sert de communication entre le quartier le plus beau de la

ville et celui qui rassemble le plus de commerçans.

Nous proposons de substituer à la pratique
actuelle les mesures suivantes : 1°. L'embarquement des bourriers se fera en deux endroits,
à Bacalan, pour les bateaux qui doivent des-
cendre la rivière, et en Paludate, pour ceux qui
doivent la remonter après leurs chargemens ;
2°. Il se fera au moyen d'une tête de pont en
bois, suffisamment avancée dans la rivière
pour que les tombereaux puissent être vidés
immédiatement dans les bateaux plats, même
à basse mer ; 3°. Aussitôt que les bateaux auront reçu leur charge, ils s'éloigneront du rivage et mouilleront au milieu du fleuve jusqu'au
moment de leur départ (1).

§. 4. — *Des Cimetières.*

L'atmosphère est le domaine de la vie ; c'est
dans elle seule que les animaux peuvent subsister, et les poissons qui sillonnent les ondes,
les vers qui se cachent dans la terre, ne peuvent se passer de son influence vivifiante. Si
l'atmosphère fournit continuellement aux ani-

---

(1) Les concurrens ont proposé diverses mesures ana-
logues à celles-là. Voyez le Mémoire de 1811, p. 159 ;
Mémoire N°. 2, p. 21 ; Mémoire N°. 3, p. 99 ; Mémoire
N°. 4, p. 10.

maux les élémens qui entretiennent leur existence, elle est aussi l'atelier de leur destruction.
Cette destruction, qui est nécessaire, peut être
opérée promptement et sans danger, par le
moyen de la combustion anciennement pratiquée chez les Grecs et les Romains ; mais l'usage
de brûler les corps morts étant tombé en désué-
tude, il ne nous reste plus qu'à examiner quelles
précautions il convient de prendre , en les con-
fiant à la terre, pour que les cimetières ne deviennent pas dangereux.

A l'exception d'une petite quantité de terre
calcaire contenue dans les os, et d'une portion
infiniment plus petite de la même terre combinée dans ses autres parties, tout le corps humain est composé d'élémens puisés dans l'atmosphère , et ils doivent lui être restitués, lorsque l'ame immortelle, dégagée de ses liens,
a laissé sans vie le corps qu'elle habitait. Une
observation constante confirme cette dispro-
portion entre la très-petite quantité des élémens
fixes de nos corps, et l'immense quantité de leurs
élémens volatils ; c'est que le sol des cimetières
n'est pas sensiblement exhaussé, après avoir
reçu, pendant plusieurs siècles, beaucoup de
milliers de cadavres.

Les substances volatiles combinées dans nos
corps en sont dégagées après la mort par la
fermentation putride qui s'y établit ; elle dé-

6

truit nos organes et désunit leurs molécules constitutives. Si par l'effet de leur dégagement immédiat et trop prompt, ces substances aériennes s'échappaient abondamment dans l'atmosphère, sous la forme des gaz hydrogène, azote, sulfuré, carbonique, phosphoreux et autres, elles pourraient, en s'introduisant dans les corps vivans, y devenir des germes de maladie et de mort. Pour prévenir ce malheur, on enterre les cadavres dans un champ, à la profondeur de dix-huit ou vingt décimètres, ce qui est suffisant pour que leur décomposition s'opère lentement à l'aide de la chaleur et de l'humidité qui pénètrent cette couche superficielle; les sucs putréfiés des corps et leurs émanations gazeuses adhèrent plus ou moins longtemps aux molécules terreuses qui les entourent et qu'elles noircissent; ce n'est que peu à peu qu'elles s'en détachent, et que, volatilisées, elles s'élèvent à la surface de la terre, où soumises à l'activité puissante et correctrice de tous les élémens atmosphériques réunis, elles perdent leurs propriétés nuisibles, elles deviennent propres à de nouvelles combinaisons, et à entrer utilement dans d'autres corps organisés.

Tel est l'enchaînement gradué auquel doivent être soumises les émanations des cadavres; telle doit être la marche progressive de leur

(83)

dégagement, pour qu'elles ne deviennent pas dangereuses ; l'interversion de cet ordre de choses peut produire quelques effets particuliers ; les corps confiés à une terre assez chaude, mais privée d'humidité, s'y convertissent en momies sèches, tandis que les corps enterrés très-profondément, et entièrement soustraits à l'évaporation, se transforment en momies grasses ; phénomène dont on a vu des exemples aussi nombreux que surprenans, dans les fouilles du cimetière des Innocens, à Paris (1). Cette prolongation indéfinie de l'existence des cadavres, ne pouvant être le but d'une sage administration, nous allons passer en revue les précautions indiquées par ceux de nos auteurs qui ont traité des sépultures.

L'auteur du Mémoire de 1811 (2), veut que la génération actuelle et celle qui doit la suivre, puissent être enterrées sans que l'on soit obligé d'ouvrir deux fois la même fosse, et pour cet effet, il propose de consacrer à cet usage un espace d'environ 300 journaux bordelais, pour les 168,000 tombes qui seront ouvertes dans l'espace de 50 ou 60 ans. L'auteur du Mémoire N°. 3 (3), croit qu'un local de 53 à 54 journaux

(1) Mémoire de la Société royale de médecine de Paris.
(2) Page 145.
(3) Page 94.

suffira, et il propose d'établir deux nouveaux cimetières, l'un au nord, l'autre au sud de la ville. L'auteur du Mémoire N°. 2 (1), supprime le cimetière de la chartreuse parce qu'il est situé à l'ouest, et le remplace par deux ou trois autres placés au nord et au sud de la ville. Cet avis est aussi celui de l'auteur d'un projet de grand hôpital à placer sur le terrain de la Chartreuse. L'auteur du Mémoire N°. 4 (2), croit que le cimetière actuel est suffisant et qu'il n'y a point lieu de rien changer. Cet avis est celui émis par le conseil municipal, en 1810,

Obligée de se former une opinion fondée sur les besoins réels et durables de la ville, votre commission a cru devoir écarter les idées exagérées que fait naître ordinairement le désir du mieux possible, et elle s'est beaucoup rapprochée du dernier des avis précités. Elle pense que l'administration municipale a fait une chose très-utile, lorsqu'elle a substitué le vaste enclos des chartreux aux cimetières particuliers et très-insuffisans des paroisses et aux caveaux des églises. Le terrain qui y est consacré aux enterremens est assez étendu pour que chaque tombe ne serve de nouveau qu'après la révo-

(1) Page. 13.
(2) Page 23.

lution de sept années, temps plus que suffisant
pour la destruction des cadavres; il est divisé
en compartimens qui sont séparés par des
allées d'arbres. Il est fermé sur trois côtés par
des murs qui ont une hauteur suffisante. Vers
le sud, il est borné par une plantation de peupliers très-élevés, qui semblent avoir reçu,
pour mission, d'arrêter ou de neutraliser les
miasmes putrides légers qui pourraient s'é-
chapper dans cette direction; on peut y ajouter
des plantations moins élevées pour arrêter les
émanations plus pesantes. Le terrain destiné à
ces plantations, est incliné jusqu'au bord du
ruisseau de la Devèze qui complète la clôture.
Le sol du cimetière est composé à sa surface
de terre vegétale, et au dessous, de sable et
de gravier mêlés à une petite quantité d'argile
qui les colore en gris ou en jaune.

Tout paraît avoir été calculé dans cette triste
enceinte, pour que les froides reliques de nos
prédécesseurs ne nuisent pas aux survivans,
et une végétation vigoureuse a été appelée au
secours de ceux-ci contre les émanations des
corps qui se décomposent. Le succès de ces précautions est tel, que l'on ne sent point de
mauvaise odeur dans ce vaste enclos, et nous
devons par conséquent regarder comme non
fondées, les craintes des personnes qui regar-
dent ces exhalaisons comme présentant un

danger constant, parce qu'elles sont portées sur la ville par les vents d'ouest. Nous n'avons donc point à désirer que l'on établisse de nouveaux cimetières avant que de nouvelles circonstances en aient amené la nécessité ; et si l'on juge à propos de réunir au cimetière général celui des protestans étrangers , situé aux Chartrons, celui des protestans indigènes, situé rue Notre-Dame-de-la-Place, lequel est d'une étendue fort inférieure aux besoins de la population , et l'établissement connu à Paris sous le nom de *Morgue*, dont nous parlerons ci-après, on peut facilement le faire, en agrandissant le local actuel par l'addition de l'ancien cloître des chartreux ; mesure qu'on fut sur le point d'adopter il y a peu d'années, lorsque les hôpitaux militaires fournissaient une quantité extraordinaire de morts.

Nous devons donc nous borner maintenant à désirer ; 1°. Que les lois et réglemens relatifs aux inhumations et à la profondeur des fosses soient strictement exécutés ; 2°. Que des cadavres privilégiés n'obtiennent plus l'honneur de souiller nos temples ou leurs abords ; 3°. Que toutes les tombes soient numérotées, afin que chaque concitoyen puisse facilement reconnaître les lieux précis où reposent les objets de ses anciennes affections ; 4°. Qu'elles soient applanies et ensemencées

aussitôt après avoir reçu un corps, afin d'offrir
une surface verdoyante ou fleurie, pendant le
long intervalle qui doit s'écouler avant qu'elle
serve de nouveau ; 5°. Que l'on complète les
dispositions et les plantations qui doivent concourir à la décence, à la décoration et à la
salubrité de cette enceinte, pour qu'un aspect
dégoûtant ou un air dangereux n'en éloignent
pas les personnes attirées par des souvenirs
qui leurs sont chers, ou par le besoin de se
livrer à des méditations philosophiques ou
religieuses.

Dans le pourtour du cimetière général, s'é-
lèvent déjà beaucoup de monumens funèbres
consacrés par l'amour conjugal, par la piété
filiale, par l'amitié, la reconnaissance et l'estime. Pourquoi ne prend-on pas quelques mesures pour empêcher que l'orgueil des survivans ne vienne se substituer à l'hommage ins-
piré par ses vertus? Pourquoi la reconnaissance
publique n'y signale-t-elle pas ses regrets en
l'honneur des citoyens qui ont bien mérité de
la patrie ou de l'humanité?

A l'occasion des cimetières, une question a
été renouvelée et mérite de fixer l'attention de
votre commission. L'individu, dont toutes les
fonctions sensibles ont cessé, est-il toujours
réellement mort? Et les délais ordinaires de
vingt-quatre et de quarante-huit heures après

cette cessation sont-ils suffisans pour confirmer
que sa mort n'est pas douteuse ? Il est constant
que quelques exemples très-rares paraissent
prouver le contraire. Ces exemples ont été recueillis par les auteurs qui ont entrepris d'établir l'incertitude des signes de la mort, et qui,
pour prévenir le danger d'enterrer vivantes les
personnes dont la mort ne serait qu'apparente,
ont proposé entr'autres moyens, d'attendre que
le cadavre ait commencé sensiblement d'entrer en putréfaction. L'estimable auteur du Mémoire de 1811, partageant la même crainte,
propose, dans le même but, de former un dépôt dans lequel les corps morts ou réputés tels
*resteraient jusqu'à ce qu'ils fussent parvenus au
degré de putréfaction qui serait reconnu pour
être incontestablement nuisible.* Des compagnies
religieuses d'hommes et de femmes, et des offi-
ciers de santé, seraient attachés au service de ce
dépôt, et surveilleraient les changemens pro-
gressifs qui se manifesteraient dans ces corps.
Des récompenses et des prix seraient fondés en
*faveur de ceux qui auraient fait des observations
utiles, et surtout pour ceux qui, ayant aperçu
quelques signes de vie, auraient provoqué des
soins efficaces* (1).

Nous devons de la reconnaissance et de l'es-

(1) Mémoire de 1811, p. 147 et suivantes.

time aux auteurs qui ont averti le public que
la mort n'est quelquefois qu'apparente, et à
ceux qui nous ont indiqué les moyens de reconnaître ces cas; mais en exagérant beaucoup le danger, ils ne se sont pas aperçus qu'ils
faisaient un grand mal aux hommes pusilla-
nime set trop amoureux de la vie, en tourmen-
tant à l'avance leur imagination par la crainte
de se voir enlever quelques instans d'une vie
languissante. Ils eussent évité cet écueil, s'ils
eussent réfléchi, que, pour éviter le danger indiqué, il ne faut adopter aucune mesure qui
soit elle-même plus dangereuse; or, après y
avoir bien réfléchi, nous avons dû reconnaître
ce caractère dans l'établissement proposé par
l'auteur du Mémoire de 1811.

Dans beaucoup de maladies, la décomposition et la fétidité des corps ont commencé
avant que la mort soit survenue, et dans
d'autres, elles ont lieu peu de temps après
la cessation de la vie; il serait donc inutile
et très-dangereux de soumettre ces corps au
dépôt et à la surveillance proposés. Mais si
on bornait la tâche des compagnies *veilleuses*
à l'inspection des corps qui ne seraient pas
dans les cas des précédens, il n'est point douteux que de la multitude de ces corps gisans,
soumis sans aucune réaction vitale à l'influence
de l'atmosphère, il s'éleverait sans cesse des

vapeurs plus nuisibles que sensibles, qui,
introduites par la respiration ou par les pores
cutanés, dans les organes des gardiens, déter-
mineraient fréquemment en eux des maladies
graves et qui causeraient la mort de beaucoup
plus d'individus que l'institution ne serait capable d'en rappeler à la vie.

Nous invitons ces philantropes timorés à ne
se point dissimuler que l'homme étant destiné
à mourir, et devant succomber par l'effet de
l'âge ou des maladies, sa fin est presque toujours méthodiquement prévue et annoncée par
le médecin ou par les assistans ; que lorsque
la mort a été imprévue, il est d'usage de laisser
passer un plus long délai avant l'enterrement,
et de soumettre le corps à un examen et à des
épreuves qui confirment ou qui détruisent l'opinion que l'on avait sur son trépas ; que ces précautions ne doivent jamais être négligées, dans
les cas que nous venons de citer, et que c'est
probablement pour les avoir omises qu'il est
arrivé que quelques personnes ont été enterrées avant leur mort : or, il n'est ni juste, ni
utile de se fonder sur des cas infiniment rares
et sur une négligence coupable, pour proposer
un remède pire que le mal. Ces considérations
ne nous permettent pas d'adhérer à l'avis de l'auteur précité ; et nous dispensent d'exposer en détail les abus faciles à prévoir, qui résulteraient

infailliblement d'une pareille institution (1).

C'est dans la dernière demeure des humains qu'il convient d'établir le dépôt provisoire des cadavres inconnus, trouvés dans le fleuve, sur la voie publique ou ailleurs. Les délais nécessaires pour qu'ils puissent être reconnus et pour que les inspections judiciaires aient lieu, peuvent devenir une cause de danger pour tous ceux qui les approchent, surtout si ces cadavres sont dans un état de putréfaction avancée. Il faut donc réunir dans le lieu de leur dépôt toutes les précautions sanitaires convenables; que ce lieu soit spacieux, élevé, ouvert dans des directions opposées, tant à sa partie supérieure qu'à l'inférieure; que les cadavres, préalablement nettoyés et même lavés, y soient placés à la hauteur d'un mètre dans une caisse vitrée, sur une pierre dure et polie, et qu'une barrière ou balustrade circulaire en sépare les assistans; sur les deux extrémités de la pierre il y aura constamment deux flacons d'acide muriatique en évaporation. Aussitôt après que les vérifications requises auront été faites, l'enterrement aura lieu, la pierre sera lavée, et le lieu du dépôt, fermé pendant vingt-quatre heures, ne

---

(1) L'auteur du Mémoire N°. 2, page 14 et suivantes, fait connaître plusieurs de ces abus, d'après lesquels il rejette l'établissement d'un tel dépôt.

sera ouvert qu'après avoir eu le temps d'être
purifié par les vapeurs antiputrides condensées
des flacons laissés ouverts (1).

§. 5. — *De la Voirie.*

Il n'est pas douteux que tout ce qui est dans
le cas de souiller ou d'infecter la voie publique
ne doive être soigneusement enlevé, transporté
au loin, et mis hors d'état de nuire ; mais pour
obtenir ce résultat, faut-il absolument établir
un dépôt destiné à recevoir les boues ramassées
dans les rues, celles extraites des égouts, les
cadavres des animaux domestiques et autres,
les matières extraites des fosses d'aisance et
toutes les immondices quelconques si multipliées dans une grande ville ? Faut-il que dans
ce lieu justement abhorré, la chaleur solaire,
la pluie et l'air atmosphérique soient les seuls
agens de la destruction toujours trop lente des
substances en putréfaction, et que ce foyer
d'infection, sans cesse alimenté par des transports journaliers, répande continuellement au
loin et dans toutes les directions ses émanations
et sa fétidité.

Une voirie qui rassemblerait toutes ces causes
d'infection serait un grand mal pour tous les

_____

(1) L'auteur du Mémoire N°. 3 propose quelques mesures
analogues, page 96.

habitans circonvoisins, pour tous les ouvriers obligés de s'y transporter, et même pour les quartiers les plus prochès de la ville, quand bien même on prendrait toutes les précautions indiquées par l'auteur du Mémoire N°. 3 (1). Diverses coutumes tendent à diminuer ces graves inconvéniens ; mais quelques-unes de ces coutumes sont abusives. Les cadavres des animaux sont furtivement abandonnés dans les lieux écartés, où on les laisse pourrir en plein air ; plus souvent encore on les traîne à la rivière, et après y avoir été charriés pendant plusieurs jours par les courans, ils sont déposés sur l'une ou l'autre rive, au grand désagrément du quartier voisin et des passans : ces contraventions ont lieu surtout lorsque, pour prévenir les dangers de la rage, les Magistrats ont fait empoisonner les chiens vagabonds. Les débris et immondices des tueries, des boyauderies, et autres ateliers analogues, sont précipités dans les égouts, qui manquent souvent d'une quantité suffisante d'eau courante. Les débris plus solides des matières animales, sont ordinairement confondus dans les *bourriers* et enlevés avec eux.

Votre commission a pensé, Messieurs, que, dans la plupart des cas précités, elle n'a qu'à

_____

(1) Page 98 et suivantes.

réclamer l'exécution rigoureuse des réglemens
de police, qui sont sages, mais souvent né-
gligés ou violés : 1°. Les animaux morts seront
donc promptement enterrés dans la campagne,
à la profondeur d'un ou deux mètres , suivant
le volume du cadavre ; 2°. Nous avons indiqué
ci-dessus des mesures concernant les tueries et
les ateliers à vapeurs nuisibles ; 3°. Les boues
accumulées dans les rues, ou extraites des
égouts , ne doivent point être versées dans la
rivière , dont elles tendraient à exhausser le
lit , on les transportera dans les lieux sablonneux qui ont besoin d'être fertilisés, et elles y seront aussitôt recouvertes d'une couche de terre
ou de sable suffisante, pour absorber leur humidité et neutraliser leurs émanations fétides ;
4°. Les immondices variées et les débris solides
des animaux qui peuvent être rencontrés sur la
voie publique , seront soumis aux mêmes mesures et précautions que les *bourriers*.

Les matières extraites des fosses d'aisance ,
méritent une attention particulière. Autrefois,
la Garonne en débarrassait entièrement la ville,
en les recevant de nuit à haute mer, par l'extrémité de l'égout, situé sur le bord de l'eau,
vis-à-vis la tour de Ste.-Croix, et nous ne nous
rappelons point que cette pratique ait été suivie
d'inconvéniens, ni qu'elle ait excité des réclamations. Quelque abondantes que fussent ces

matières, provenant d'une population de plus
de cent mille ames, les eaux de la Garonne n'en
ont jamais paru altérées, et cela ne doit point
étonner, lorsqu'on réfléchit que d'après les
dimensions de ce fleuve et sa rapidité, la quantité d'eau qu'il roule devant Bordeaux peut
être estimée vingt fois plus considérable que
celle des eaux de la Seine devant Paris; or,
l'on sait que les eaux de cette dernière ne sont
pas sensiblement altérées par l'immensité d'immondices dont elle débarrasse la capitale. Cependant, depuis environ vingt-cinq ans on a
adopté à Bordeaux une pratique toute différente. A l'exception de quelques maisons voisines du port, dont les latrines s'évacuent
dans les égouts, la Garonne ne reçoit plus ces
matières, elles sont transportées dans une
voirie située dans la Lande des *Chiens*, où
l'on les fait évaporer en plein air, comme cela
se pratique à la voirie de Montfaucon, près
de Paris. La portion la plus solide de ces matières en est séparée pour être réduite en une
poudre séche qui sert d'engrais; la partie la
plus liquide s'infiltre profondément dans le sol
sablonneux des bassins qui les a reçues, et
gagnant sans cesse en étendue, va souiller et
corrompre les eaux des sources et des puits
des environs. Les vapeurs élevées de la vaste
surface donnée au dépôt sont disséminées par

les vents dans toutes les directions ; l'éloignement de la ville est assez grand pour que l'infection n'y parvienne pas ; mais il n'en est pas
de même des maisons de plaisance et aûtres,
situées le long du chemin de Médoc et aux environs, elles en sont très-désagréablement
affectées, surtout pendant le vent de sud,
qui joint alors son activité septique à celle de
ces vapeurs, et peut ainsi déterminer dans ce
quartier une épidémie de fièvres putrides.

A peine votre commission avait-elle tracé
les lignes précédentes qu'elle a été instruite
que, par les clauses d'un nouveau bail, l'entrepreneur des vidanges venait de se soumettre
à transporter l'établissement de la Lande des
Chiens, dans la Lande de *Pezeou*, à une heure
et demie de marche de la ville, c'est-à-dire,
à une distance double du premier, dans un
lieu déjà destiné au dépôt des cadavres des animaux, et où le nombre des habitations voisines est beaucoup moindre. Cette nouvelle
preuve de la sollicitude de nos Magistrats,
pour tout ce qui peut être utile à la cité, doit
dissiper les dernières inquiétudes qu'aurait pu
entretenir la proximité de cet établissement.

Nous réitérons pour les personnes faciles
à s'alarmer, que les dangers résultant d'un
établissement semblable sont fort inférieurs
aux désagrémens que cause sa fétidité. Ce-

pendant, si la réunion des craintes et du désagrément faisait désirer à l'administration le
rétablissement de l'ancien usage, il faudra
qu'il soit amélioré de la manière suivante:

Les matières extraites des fosses d'aisance
par le moyen des pompes antiméphitiques,
et renfermées dans des tinettes bien bouchées,
seront transportées pendant la nuit dans des
bateaux appropriés à cet usage. Aussitôt que
ces bateaux seront chargés, ils seront éloignés
du rivage. On versera au milieu de la rivière
le contenu des tinettes. Celles-ci seront soigneusement lavées, ainsi que les pompes et
tous les ustensiles. Les bateaux, lavés eux-
mêmes, ne seront ramenés au rivage qu'après
le complément de toutes ces opérations. Les
matières délayées, dissoutes, entièrement décomposées dans l'immensité des ondes, ne
laisseront bientôt après, ni dans l'eau, ni dans
l'air, aucune trace de leurs qualités désagréa-
bles ou nuisibles.

Nous ne présumons pas que cette pratique
fasse regretter la perte d'un engrais très-effi-
cace pour les champs arides qui environnent
la ville. Si elle était capable de produire cet
effet et de faire désirer un mode plus favorable
à la fertilisation de ces champs, nous rappel-
lerons que, dans beaucoup de pays, les matières stercorales sont employées comme en-

7

grais, sans subir aucune préparation, ni aucun
dépôt qui diminue leur quantité et leur efficacité autant que le font les voieries de Paris
et de Bordeaux. Il serait, par conséquent, bien
plus simple et plus avantageux que les propriétaires des domaines ruraux, peu éloignés
de la ville, traitassent directement avec les
entrepreneurs ou fermiers des vidanges, pour
la quantité de tinettes nécessaires pour fumer
leurs champs. Dans ce cas, il serait indispensable que les agens de la police veillassent,
non-seulement à l'observation des réglemens
relatifs à l'extraction et au transport de ces
matières, mais aussi à ce qu'elles fussent déposées, dès leur arrivée, dans une fosse assez
profonde, et qu'elles fussent aussitôt recouvertes d'une couche de terre ou de sable suffisante, pour qu'on pût, sans inconvénient, attendre le moment favorable à leur distribution
dans les sillons et les autres lieux qui auront
besoin de cet engrais. Sans ces précautions,
la négligence, si commune parmi les paysans,
pourrait rendre cet usage plus nuisible encore
pour notre contrée en général, que ne l'est l'établissement formé dans la Lande des *Chiens.*

CHAPITRE VI.

Des promenades publiques et de la gymnastique.

————

Jusqu'ici , nous avons considéré diverses causes d'infection ou d'insalubrité atmosphérique , pour lesquelles nous avons cherché des moyens correctifs ou préservatifs ; la distribution de notre travail nous fournit en ce moment une tâche plus agréable. Nous allons examiner des lieux qui concourent éminemment à l'embellissement des villes et à la purification de l'atmosphère, qui servent aux plus intéressantes réunions des citoyens et à leurs exercices corporels. Avant de parler des lieux publics consacrés à la promenade, quelques réflexions nous paraissent nécessaires sur l'importance de la gymnastique.

Il ne peut point y avoir de force ni de santé pour les corps dont les organes ne sont pas soumis au degré d'action voulu par la nature: or, il y a plusieurs professions qui obligent à des occupations sédentaires, et qui, par cette raison, ne permettent pas une action suffisante à la plupart des muscles, principalement à ceux des membres inférieurs. Il en est d'autres qui exigent une contention d'esprit prolongée, pendant laquelle le cerveau se fatigue beaucoup aux dépens des muscles et des viscères demeurés dans l'inaction. Les affections tristes de l'ame, la méditation, l'oisiveté produisent encore le même effet nuisible ; il l'est surtout pour les personnes qui usent d'alimens très-succulens ou pris en trop grande quantité, parce que ces sucs réparateurs ne sont pas convenablement élaborés.

L'exercice de tout genre est le meilleur préservatif et le plus grand remède de tous les maux qu'engendre l'inaction volontaire ou obligée. Il y a des lieux particuliers destinés à des exercices agréables ou utiles, tels sont les salles de danse, d'escrime, de billard, de jeu de paume, d'équitation. D'autres exercices se font dans des lieux publics, et une grande partie des citoyens y assiste comme spectateurs ou comme acteurs, telles sont les évolutions militaires de l'infanterie, de la cavalerie, de l'artillerie ; mais ceux-là sont ordinairement un devoir, et nous manquons généralement de jeux gymnastiques publics, quoique la vivacité et l'agilité françaises soient très-propres à l'introduction de ces nouveautés utiles. Pourquoi, dans nos fêtes publiques, ne verrions nous pas allier aux danses et à quelques autres jeux, les courses à pied et à cheval, le saut, le tir, des combats simulés, tant sur l'eau que sur la terre, et tant d'autres exercices variés? Pénétrés de l'importance de ces usages, l'auteur du Mémoire N°. 3,

vent que la place du fort du Hâ serve aux
exercices militaires, et qu'en l'agrandissant vers
le sud jusqu'à ce qu'elle forme un espace de
6 à 8,000 toises carrées, on la fasse servir aussi
de gymnase, où les citoyens de toutes les
classes s'exerceront à la course, à la lutte,
aux jeux de balle, de ballon, de paume, de
volant, etc. (1).

De tous les exercices, le plus doux, celui
qui est généralement pratiqué par les citoyens
de toutes les conditions, c'est la promenade.
Examinons d'un œil attentif les lieux qui, lui
étant consacrés, ont reçu le même nom.

Les promenades publiques sont de deux
genres, celles qui reçoivent leurs agrémens
d'une belle perspective, d'édifices majestueux
ou symétriques, des chefs-d'œuvre de la sculp-
ture et de l'architecture ; et celles qui, sans
exclure les ornemens précédens, doivent leurs
principaux avantages à une réunion bien entendue de végétaux.

Le sol des premières doit être assez incliné et
assez sec pour qu'on n'y soit jamais incom-
modé par la boue ou par des amas d'eaux pluviales ; elles doivent offrir dans leur pourtour
des abris contre les ardeurs du soleil, contre
les intempéries et les variations atmosphéri-

(1) Page 64 et suivantes.

ques, tels qu'un pérystile, des portiques, des arcades, ou tout au moins un trottoir.

Aucune place de Bordeaux ne paraît avoir été construite d'après ces principes; la place Dauphine ne possède aucun de ces avantages ; la place de la Comédie, un peu mieux partagée, est très-souvent sale et humide ; la place Royale offre, dans l'édifice de la Bourse, un refuge aussi agréable qu'utile ; mais par des vues mesquinement économiques, ses portiques ont été mal à propos convertis en un marché de quincaillerie et d'autres objets, au lieu de servir alternativement de lieu de réunion pour les commerçans, et de promenade couverte pour tous les citoyens. La plupart des autres places ne doivent être regardées que comme des carrefours un peu larges, où elles sont consacrées à des marchés, destination qui ne dispense pas des mesures de prévoyance précitées.

Le port paraît n'avoir jamais été considéré comme une promenade, quoiqu'il le soit devenu par la volonté et le goût du public, qu'attirent l'air frais de la rivière et la magnifique perspective que présentent la rade et les côteaux de l'entre-deux mers. Ce n'est que dans quelques portions des Chartrons qu'on a songé à l'embellir et à y établir une sorte de trottoir en faveur des piétons. Nous devons espérer

qu'une mesure générale et bien importante
sera prise, lorsque la nécessité bien sentie de
retrécir le lit de la Garonne devant Bordeaux,
aura fait adopter la construction d'une série
continue de quais sur toute sa rive gauche.
Alors, l'espace compris entre le fleuve et la
façade actuelle du port, se trouvant agrandi
bien au-delà de ce que réclament la circulation des habitans et les transports commerciaux, on se déterminera, autant pour embellir la ville que pour lui créer des ressources
financières, à élever une nouvelle façade du
port en avant de celle qui existe. La partie inférieure des édifices qui la formeront, sera
supportée par des arcades continues, qui pré-
senteront, d'une extrémité du port à l'autre,
l'abri si justement désiré, surtout pendant la
mauvaise saison; tandis que l'allée couverte,
dont nous avons parlé ci-dessus, assurera
pendant l'été un ombrage plus frais et mieux
approprié à la chaleur de cette saison.

On participe à d'autres avantages dans les
promenades pourvues d'allées d'arbres et de
diverses plantes habilement disposées. Outre
celui d'être plongé dans une mer aérienne, où
le fluide que nous respirons est sans cesse renouvelé, on y respire l'air pur, l'air vital, le
gaz oxygène produit par les feuilles vivantes des
arbres et des autres végétaux. Cet air éminem-

ment respirable, dont les plantes nous grati-
fient en échange des gaz mortels qu'elles absor-
bent ou décomposent, porte dans la poitrine,
et répand dans tout le corps, un bien-être,
une sensation délicieuse, que l'on sent beaucoup mieux qu'il n'est possible de l'exprimer.
Non-seulement la circulation du sang en est
facilitée et accélérée, mais le sang lui-même
acquiert des principes fortifians et vivifians,
qu'il propage dans tous les organes et jusques
dans les extrémités capillaires des vaisseaux.
Ces effets sont secondés par le mouvement
modéré et régulier que communiquent à la
plupart des viscères, les muscles qui exécutent
la progression lente du corps. Toutes les fonctions s'opèrent mieux et plus promptement ; le
mal-aise, produit antérieurement par des occupations nuisibles, se dissipe ; l'imagination
s'éclaircit et se ranime ; le cœur devient plus
disposé à l'espérance et à la joie ; le corps est
rendu plus frais et plus fort.

A ces bons effets, produits par un air très-
salubre et par l'exercice de la promenade, joi-
gnez ceux qui sont la suite des impressions
morales qu'on y reçoit souvent. Là, c'est une
activité commerciale qui travaille continuellement à fournir les élémens de la prospérité et
de la splendeur de la ville, en même-temps
qu'elle procure ou augmente les moyens de

bonheur de la plupart des citoyens. Ici, c'est
l'élite de la jeunesse qui est attirée par le désir
de voir et d'être vue ; par celui de plaire ou de
juger l'extérieur des personnes ; par l'espoir de
faire des rencontres agréables ou plaisantes.
Plus loin, sous ces ombrages écartés, vous
voyez le vieillard solitaire, qui vient chercher
un air et un exercice restaurant, non loin de
ces gazons où la tendre enfance folâtre, sous
les yeux de ses jeunes conductrices. D'autrefois,
c'est le peuple tout entier qui, après les céré-
monies religieuses du jour consacré au repos,
vient se délasser des soucis et des soins de
la semaine ; ou ce sont toutes les classes confondues, qui inondent les lieux publics pour
prendre part aux réjouissances qu'amène un
événement heureux. Il n'est point de cœur
sensible auquel ces spectacles, quoique fréquens , n'inspirent des idées joyeuses ou
consolantes , ne fassent éprouver des émotions plus ou moins vives, douces ou profondes.

Puisque les lieux consacrés aux promenades
publiques ont une si grande influence sur la
santé et les mœurs des citoyens, il convient de
les rendre aussi agréables et salubres qu'il est
possible, et de les multiplier assez pour que tous
les habitans puissent participer à leurs avantages ; or, depuis long-temps on se plaint de ce que

Bordeaux n'a point assez de promenades, et de
ce que celles qui existent ne sont pas dignes de
l'une des principales cités de la France. Voyons
si ces reproches sont fondés.

L'allée irrégulière, appelée fossés de Ville,
des Carmes, des Tanneurs, quoique choquante
par sa direction vicieuse, par la mauvaise te-
nue de ses arbres, par l'irrégularité des alli-
gnemens de ses maisons, et par le voisinage de
deux marchés bruyans et fétides, est néanmoins
assez fréquentée, parce qu'elle est la seule promenade que l'on trouve vers le sud de la ville.

C'est par la même raison que la place du
fort du Hâ, entourée de masures et de décombres, sert de rendez-vous aux habitans peu
fortunés des environs.

Les cours d'Albret et de Tourny n'offrant
que des rangées d'arbres, au lieu de deux allées
qui devraient border la chaussée, à l'instar des
Boulevards de Paris, ne sont considérés que
comme des grands chemins.

Le cours du Jardin-Public a, sur les précédens, l'avantage de former une allée entière
sur son côté oriental et sur son prolongement
vers la rivière; mais déjà, des maisons bâties
depuis peu d'années, sur l'une de ses extrémités, semblent annoncer le dessein de le réduire
à une seule rangée d'arbres. Le prolongement
de ce cours dans les Chartrons a ce même dé-

faut, ce qui ne permet pas de le regarder comme une promenade publique.

Les allées de Tourny sont la promenade que le public préfère généralement , quoiqu'elles soient absolument nues et dépourvues de toute sorte de décoration ou embellissement. Elles doivent la préférence qu'elles ont obtenues à leur voisinage des spectacles et des plus beaux quartiers, et à ce qu'elles ne sont pas humides comme le Jardin-Public.

Celui-ci, en effet, est abandonné le soir par cette raison , quoiqu'il soit bien plus beau et plus varié que les allées de Tourny, quoiqu'il offre aux regards satisfaits des bosquets majestueux, de riants gazons, une vaste terrasse, et trois élégans pérystiles qui peuvent servir de refuges contre le mauvais temps.

Il n'est que trop démontré , par ce rapide exposé, que la ville de Bordeaux ne possède pas un nombre suffisant de promenades convenablement disposées et ornées. Cette vérité a été généralement sentie par tous nos auteurs qui ont remarqué que ce dénuement a principalement lieu dans le quartier du sud et de l'ouest, peuplés en grande partie par des ouvriers. Nous allons emprunter en faveur de cette intéressante population, les expressions de l'auteur du Mémoire de 1811, dont les motifs seront justement appréciés par tout homme judicieux : *L'ouvrier*,

l'homme du peuple, n'a pas comme l'homme riche,
un grand nombre de chambres, une suite de ca-
binets, de salons, où il puisse passer alternati-
vement, et cependant il a, comme l'homme riche,
besoin de respirer, de changer d'air, d'en trou-
ver une grande masse. Il ne peut pas, il ne doit
pas employer son argent pour s'enfermer dans
une salle de spectacle..; mais il a besoin, les jours
de fête et le soir d'un beau jour passé à l'atelier,
de pouvoir, avec sa femme et ses enfans, jouir de
la fraîcheur de l'air, et acquérir de nouvelles
forces pour le travail du lendemain. Sa famille,
surtout, a besoin qu'il soit distrait de la fantaisie
d'aller à la taverne, dépenser le profit de la se-
maine, et se monter au ton de brutalité, d'où
naît ensuite le malheur du ménage.

Après avoir plaidé ainsi la cause des classes
pauvres, le même auteur propose d'établir un
nouveau jardin public près du fort du Hâ, depuis le derrière des maisons qui bordent le
cours d'Albret jusqu'à la rue Pellegrin, et depuis le fort, en avançant sur le jardin de la
caserne St.-Raphaël, de sorte que les deux
principales allées de ce jardin, qui ce croise-
raient, seraient des continuations des rues
Ségur et de Berry. Il veut que non loin de ce
jardin on plante quatre ou cinq allées d'arbres parallèles au cours d'Aquitaine, sur le
terrain qui s'étend de l'ancienne porte Ste.-

Eulalie à la porte d'Aquitaine. En avançant vers le sud, il fait disparaître l'ancien fossé de la ville, le rempart des Capucins, le fort Louis et le moulin de Ste.-Croix. Cet espace doit être occupé par des allées semblables aux précédentes, par un troisième jardin public, auquel on donnera l'étendue convenable en prenant ceux de l'abbaye Ste.-Croix et du Noviciat. Enfin, il veut que l'on plante une allée qui, aboutissant perpendiculairement à la rivière par la rue Peyronnet, fasse le pendant de celle qui est à l'entrée des Chartrons.

La seule nouvelle promenade proposée par l'auteur du Mémoire N°. 2, doit être établie sur le terrain même du marais de la Chartreuse, et aurait une largeur de 150 à 160 toises, sur une longueur indéfinie.

L'auteur du Mémoire N°. 3, remarque avec raison que le Jardin-Public actuel est trop humide; et pour remédier à ce défaut, il veut que l'on y creuse des fosses profondes, de 10 ou 12 pieds, vers lesquelles se dirigeront, par infiltration latérale, les eaux épanchées. Il serait plus efficace encore d'exhausser de 2 ou 3 pieds le sol du jardin, en y transportant des terres calcaires ou siliceuses, ce qui laisserait plus de liberté pour les canaux de dérivation, et donnerait plus de facilité *pour rétablir le Jardin-Public tel qu'il était avant la révolution.*

Nous présumons que, par ces dernières expressions, cet auteur émet le vœu que l'on
rende au Jardin-Public ses grands carrés de
gazon, ses platebandes couvertes de fleurs, son
bassin central, etc. ; nous adhérons à son avis,
d'autant plus volontiers, que nous sommes
persuadés que le parfum des fleurs est utile,
en portant dans la poitrine, dans le sens de
l'odorat, et de là dans tous les nerfs, une exci-
tation aussi douce et salutaire qu'elle est agréable. Que l'on n'aille pas inférer de cette asser-
tion que nous méconnaissons la nature des
émanations des fleurs ; nous savons que ces
parties des plantes, ainsi que les fruits, répandent des vapeurs gazeuses irrespirables et
très-dangereuses, lorsqu'elles sont condensées
dans un lieu bien fermé ; mais l'expérience
nous a appris qu'il faut juger différemment de
leurs effets, lorsque plongées dans une masse
immense d'air qui surabonde en gaz oxygène
les fleurs, en y mêlant leur délicieux parfum,
augmentent l'action restaurante et vivifiante
de ce fluide purifié.

Le même auteur fait remarquer que les allées
de Tourny et d'Albret n'ont pas une largeur
suffisante, de sorte que leurs arbres, trop rapprochés des maisons, les rendent humides, et
que la partie méridionale de la ville est entièrement dépourvue de promenades. Ses idées

à ce sujet se rapprochent beaucoup de celles
de l'auteur du Mémoire de 1811 ; il rappelle
qu'il a conseillé la plantation de plusieurs allées de grands arbres sur le terrain marécageux
de la Chartreuse, comme un rempart nécessaire contre ses exhalaisons nuisibles et pour
servir de promenade ; il n'en conseille néanmoins la fréquentation que pendant le jour, et
lorsqu'on n'aura plus rien à redouter de la part
du marais voisin. Il désire, en outre, que vers
l'extrémité élargie du cours d'Albret, commencent des allées qui aboutissent à la porte
d'Aquitaine, en passant sur le terrain des anciens fossés et remparts de la ville ; que, laissant à droite l'hospice des Incurables, un autre
promenade s'étende depuis la porte d'Aquitaine
jusqu'à celle des Capucins ; enfin, que l'espace
compris entre celle-ci, le fort Louis et la rivière, reçoive la même destination.

Le désir louable d'épargner des destructions,
et l'espoir de rencontrer moins de difficultés,
ont dirigé ces auteurs dans le choix des lieux
qu'ils ont indiqués pour établir de nouvelles
promenades. Nous pensons qu'ils ont poussé
trop loin les conséquences de ces sages principes,
et que leurs avis ne tendent à rien moins qu'à
donner à la distribution intérieure de la ville
un aspect très-irrégulier, et à trop multiplier
les grandes masses d'arbres. Nous devons nous

tenir en garde contre des mesures utiles d'ailleurs, mais qui pourraient entraîner d'aussi
graves inconvéniens. Bien pénétrés de la nécessité de circonscrire le territoire habité
de la ville, et de donner à celle-ci une façade extérieure régulière, nous sommes d'a-
vis qu'il faut adopter les boulevards proposés
par l'auteur du Mémoire N°. 4, et par M. Pierrugues, promenade magnifique, qui, en se réunissant sur le bord de la rivière aux deux extrémités de l'allée couverte du port, que nous
avons proposée ci-dessus, renfermerait complétement la ville et lui donnerait ce beau trait
de ressemblance avec la capitale.

Quelque grands que soient les avantages
que cette promenade procurera aux habitans
de la circonférence de la ville et aux propriétés
foncières voisines, il n'est pas moins indispensable d'établir plusieurs jardins publics, où les
plantes déploient leurs agrémens variés, leurs
parfums, leurs beautés majestueuses. Trois jardins nous paraissent nécessaires, un pour le
nord, un pour le centre, un pour le sud. Le
Jardin-Public actuel, qui appartient à l'arrondissement du nord, deviendra moins humide
et plus agréable, si on ne néglige pas les avis
rapportés ci-dessus ; si au lieu de permettre
sur ses bords de nouvelles constructions, qui
gênent le renouvellement de l'air, on supprime

tous les murs de clôture et on les remplace par
des grilles de fer ; si en lui restituant les agrémens et les fleurs dont il a été dépouillé au
commencement de la révolution, on lui fait
perdre l'aspect militaire, qui ne lui convient
pas, et on le rétablit dans la véritable forme
d'un jardin bien distribué et suffisamment dé-
coré.

En plaçant le Jardin-Public du centre, dans
le lieu même où est le marais de la Chartreuse,
non-seulement on y trouvera les moyens d'utiliser en agrémens, les eaux surabondantes des
deux ruisseaux voisins, mais on donnera à ce
jardin un mérite et un caractère particulier,
par la réunion de l'école de botanique et de
la pépinière départementale ; celle-ci devant
être très-étendue, dans le but d'y acclimater
les arbres et les plantes exotiques les plus utiles
pour notre contrée. Des Champs - Elysées,
plantés à la suite de ce jardin, parallèlement
au grand cimetière, en déroberont la vue, et
serviront de rempart préservatif contre les émanations nuisibles que l'on pourrait avoir encore
à redouter.

Le jardin du sud sera formé, comme il a été
dit ci-dessus, entre le séminaire, l'abbaye Ste.-
Croix, le ruisseau du Guy et la rue St.-Charles.
Plusieurs rues seront ouvertes, à sa circonférence, pour y faciliter le renouvellement de

8

l'air et les communications trop interrompues de ce quartier. Les eaux du Guy seront mises à profit pour ménager quelques agrémens, et l'on plantera sur les bords de ce ruisseau, deux rangées d'arbres, qui auront le double avantage d'offrir une avenue agréable et de fournir un abri salutaire aux nombreuses blanchisseuses qui travaillent le long de ses deux rives.

Ces trois Jardins-Publics et les belles allées qui formeront la circonscription de la cité, nous paraissent des promenades suffisantes pour les besoins de tous les quartiers ; cependant, il convient de prendre en considération le penchant naturel qui porte beaucoup de personnes à fuir le tumulte d'une grande ville, et à chercher dans la campagne un air plus pur et le calme silencieux de la nature. Il importe donc que ces promeneurs ne trouvent dans les chemins ruraux, qui aboutissent à la ville et qui font partie de son territoire, ni des cloaques d'eaux croupissantes, ni des amas de fumier ou de boue, ni des fossés infects ; leur milieu, pavé en chaussée, sera beaucoup mieux entretenu qu'il ne l'est ; leurs côtés applanis seront légèrement inclinés vers les fossés ; on y plantera régulièrement des arbres à haute tige, conformément à un décret rendu depuis plusieurs années. Il sera facile de réunir l'utile à l'agréable dans ces avenues de notre grande ville, en

choisissant des arbres d'une belle espèce , en
donnant une bonne direction à leurs rameaux ,
en ménageant leur ombrage , en prenant des
mesures pour qu'ils soient sains , forts et de
longue durée. Les promeneurs, ainsi que les
voyageurs, seront avertis de la distance qui les
sépare de la ville , par des pierres milliaires
placées dans les lieux convenables.

Nous ne pouvons terminer cet article sans
émettre un vœu formé depuis long-temps, par
tous ceux qui savent apprécier les services rendus à la patrie. Les chefs-d'œuvre de la sculp-
ture ne décorent aucune de nos promenades
publiques, et cependant, la ville de Bordeaux
est dans le cas d'offrir ce genre de beauté. Les
marbres qui, depuis tant d'années, se dégradent
dans un coin du Jardin-Public et sur le port
de la Bastide, ne sont pas condamnés à rester
éternellement sans emploi; nous ne serons pas
toujours privés de la satisfaction de voir s'élever, dans les lieux de nos plus agréables réunions, les statues des hommes qui ont honoré
notre cité, qui ont bien mérité d'elle et de leurs
descendans. Des temps plus heureux s'approchent, et l'opinion publique, qui réclame depuis long-temps cet hommage des Bordelais,
déterminera enfin leurs magistrats à acquitter
cette dette sacrée, envers les plus illustres de
leurs concitoyens.

CHAPITRE VII.

Des édifices dans lesquels il se forme des réunions publiques.

———

Nous comprenons sous cette désignation, les églises, les tribunaux, les hôtels des principales administrations, les salles des assemblées électorales, celles consacrées à l'enseignement, aux spectacles, etc. On passe dans tous ces édifices un temps beaucoup plus long que la durée de l'objet pour lequel on s'y est rendu. La multitude qui s'y rassemble est quelquefois si pressée que non-seulement l'air y est complétement vicié, mais tous les assistans éprouvent une chaleur excessive et une sueur copieuse, que le froid du dehors ne peut supprimer subitement sans un grand danger pour la santé. Il serait donc aussi convenable que salutaire, que la plupart de ces édifices fussent divisés en deux parties, celle dans laquelle le public écoute, est en action ou en contemplation ; et celle où il attend, il se tient à l'abri, ou donne du relâche à son attention trop long-temps soutenue.

Les églises paroissiales de Bordeaux n'ont jamais été disposées dans ces vues ; cependant, nous nous rappelons les avantages que procuraient aux églises des couvens, les galeries, vulgairement appelées *cloîtres*, qui les réunis-

saient au monastère. Cela n'a pas empêché de
priver le public de l'usage du *cloître* situé sur
le côté méridional de la nef de St.-André, et
de ceux qui étaient contigus aux églises couven-
tuelles devenues paroissiales. Il nous reste
donc à désirer que l'on prenne en considération, pour l'avenir, la nécessité de joindre à
chaque église un péristile, un vestibule, un
parvis, une galerie, où le peuple puisse au besoin passer quelques instans, avant de s'exposer aux intempéries atmosphériques.

La grande élévation des voutes de nos églises
les rend généralement salubres, en facilitant
l'ascension des vapeurs irrespirables qu'exhalent nos corps, et leur sortie par des fenêtres
très-hautes. On devrait à la vérité ouvrir plus
souvent celles-ci pour donner lieu au renouvellement et au rafraîchissement de l'air intérieur, ces ouvertures étant beaucoup mieux
disposées que les portes pour que ce renouvellement s'opère sans danger pour les assistans.
Les portes, cependant, sont utiles pour l'évacuation du gaz acide carbonique, beaucoup
plus pesant que les autres; mais c'est avec raison
qu'on les masque intérieurement par une boi-
serie nommée tambour, qui garantit de la violence des vents, de leur froidure et de leur humidité.

On ne trouve point la plupart des avantages

précités, dans les églises qui ne sont pas suffisamment élevées, par exemple, dans celle de
St.-Nicolas et dans celle de St.-Martial. Cette
dernière a été autrefois une habitation particulière, et ses vices nombreux donnent lieu
de remarquer que c'est surtout des temples que
l'on doit dire, qu'il n'y a de convenables que
les édifices qui ont reçu primitivement cette
destination. Quelques-unes de nos églises sont
humides et mal-saines, parce que leur sol est
plus bas que la voie publique, telles sont celles
de St.-André, de St.-Seurin, de St.-Pierre, de
Ste.-Eulalie et de Ste.-Croix, dans lesquelles
on entre en descendant. Il eût été bien mieux
vu d'élever leur sol dans sa partie la plus dé-
clive, comme on l'a fait pour les églises de
St.-Paul et de St.-Michel. On remédiera à cette
disposition insalubre, en recouvrant leur pavé
intérieur d'un plancher, mesure qu'il serait
très-utile de généraliser, pour prévenir la naissance et les retours des douleurs arthritiques
et rhumatismales.

Plusieurs églises n'ont qu'une seule porte,
ce qui présente quelquefois de graves inconvéniens pour l'entrée et pour la sortie des fidèles, ainsi que la situation de ces édifices
dans une rue toujours trop étroite et in-
commode, lorsqu'il y a une grande foule. Il
serait bien plus convenable, pour la sûreté et

la facilité des abords, plus satisfaisant pour les amateurs de la belle architecture, et plus respectueux envers la divinité, d'isoler complétement ses temples, de leur donner plusieurs ouvertures, et d'établir leur principale façade sur une place publique.

D'autres églises n'ont qu'une capacité inférieure à la quantité des fidèles qu'elles reçoivent habituellement. De ce nombre sont celle de St.-Louis, celle de St.-Éloy, et la grande masure qu'on a honorée du titre d'église paroissiale de St.-Nicolas, située presque sur les limites de la paroisse Ste.-Eulalie. C'est dans cette paroisse qu'est arrivé, le 12 Mars 1814, l'événement qui a donné le signal de la restauration de la France; c'est à la jonction des deux chemins de Toulouse, que les Bordelais accueillirent l'auguste précurseur de leur Roi. Un vœu général a été émis, pour ériger dans cet endroit un monument commémoratif. Quel monument pourrait-on y élever, qui fût plus durable, plus solennel, plus digne de la piété de nos princes, que l'église nécessaire à cette portion de la ville? Elle serait placée au centre de la population et du territoire de la paroisse, et sa façade annoncerait aux voyageurs arrivant des régions méridionales, l'heureuse époque, l'événement fortuné dont les Bordelais désirent éterniser la mémoire.

Les édifices dans lesquels se rassemblent la
cour royale, la cour d'assises et le tribunal de
première instance, sont assez bien disposés
pour leur destination, et sous les rapports de
la sûreté et de la salubrité publiques. Il en est de
même de l'hôtel de la préfecture, à l'entrée du-
quel se présente l'abri désiré pour les personnes
qui attendent l'inspection ou les décisions de
l'administration. Nous ne pouvons point porter
le même témoignage sur l'hôtel de ville provisoire (1), sur l'hôtel de la douane et sur celui
de la marine, resserrés dans un espace trop
peu étendu pour les besoins d'une ville aussi
populeuse que la nôtre ; on n'y trouve point les
pièces nécessaires pour les dépôts, pour les
inspections, pour l'attente, ni des communications commodes pour la facilité du service.

Les dispositions intérieures de l'hôtel de la
Bourse ont été beaucoup mieux combinées que
celles des édifices précédens. Une amélioration
très-salubre y a été exécutée depuis plusieurs
années, et nous devons des éloges à l'idée de
couvrir la cour, au moyen de l'élégante char-
pente vitrée qui garantit actuellement les réunions quotidiennes des commerçans. Une décision récente, qui ordonne l'évacuation d'une

---

B

(1) L'existence provisoire de l'hôtel de ville de ordeaux,
dure depuis plus de cinquante ans.

partie des arcades intérieures du rez-de-chaussée, ajoute à cet avantage, et nous fait espérer
que dans peu de temps cette partie de l'édifice
sera entièrement débarrassée des petites bouti-
ques qui l'obstruent, et que dans cette enceinte, exclusivement consacrée aux besoins
du commerce, on ne trouvera désormais que
les bureaux qui doivent faciliter et régulariser
ses transactions dans le moment où elles sont
conclues.

Il n'est point de lieux publics qui présentent
autant de causes immédiates de maladies que
les salles de spectacle, surtout lorsqu'il y a une
grande affluence de spectateurs. La chaleur
excessive qu'y produit la foule pressée, est
augmentée par les sensations et les diverses
émotions qu'on éprouve ; elle détermine une
transpiration abondante qui vicie l'air, l'infecte, et le rend impropre à la fois à la respiration et à la combustion ; on y étouffe, et
les lumières s'obscurcissent. Pour modérer ces
effets, en vain on ouvre les portes des loges,
les corridors exhalent une odeur alcaline qui
aggrave le mal ; l'ascension naturelle de ces
vapeurs rend l'infection plus forte encore dans
les loges supérieures, où l'air ne trouve que
des issues très-insuffisantes. Le spectacle finit
enfin, et chacun s'empresse de regagner son
logis, sans prendre de précautions contre les

impressions subites de l'air extérieur ; des affections catarrhales, des inflammations de poitrine, des fièvres de tout genre, sont les suites
de ces dispositions et de cette imprudence.

Nous ne connaissons pas de salle de spectacle
qui ne pèche par l'insuffisance des moyens de
garantir le public contre les altérations de l'air
intérieur et contre les sensations extrêmes auxquelles elles donnent lieu. Cependant, nous
reconnaissons avec plaisir que le Grand-Théâtre
de Bordeaux est moins vicieux que les autres, et
et que le péristile de son entrée, les appartemens
voisins des loges, sont des moyens préservatifs
très-utiles ; mais combien peu de personnes profitent des avantages de cette sage distribution.

Les sales publiques de danse offrent ordinairement les mêmes dangers que celles des spectacles, et la jeunesse plus ardente que circons-
pecte, qui va y chercher la joie et un exercice
aussi agréable que salubre, ne prévoit pas qu'en
sortant de ces lieux excessivement chauds, elle
aspirera les germes des maladies de poitrine,
qui, après de longues douleurs, moissonneront
à la fleur de l'âge, tant de jeunes gens des deux
sexes, à qui leur santé robuste promettait la
plus longue vie.

Votre commission doit aussi, Messieurs, ne
point passer sous silence, une autre cause d'insalubrité publique, dont la fréquentation des

spectacles active et propage les effets incalcu-
lables, en attaquant l'espèce humaine dans les
sources de ses plus vives jouissances et de sa
perpétuité. Pour arrêter les progrès de cette
contagion , nous conseillons d'établir à Bordeaux l'inspection sanitaire périodique, que la
police de Paris exerce sur les femmes publiques,
et de contraindre les individus infectés à subir
le traitement convenable.

CHAPITRE VIII.

Des sources , des eaux potables et usuelles.

§. 1er.

Il est impossible de s'occuper de salubrité
sans que l'imagination se retrace aussitôt l'importance, la nécessité de l'eau pour la boisson,
pour la préparation des alimens, pour les bains,
pour les lavages de tout genre, et pour une
infinité d'usages dans les arts qui tous ont plus
ou moins directement pour but la conservation
ou les jouissances de l'homme. L'eau est principalement nécessaire dans une grande ville,
non seulement en raison de la quantité que sa
nombreuse population consomme , mais aussi
parce que les causes d'insalubrité y sont plus
multipliées que partout ailleurs, et que l'eau

est le moyen le plus utile de les combattre efficacement.

L'eau qui est le grand dissolvant de la nature, se charge dans le sein de la terre ou à sa surface, d'une infinité de substances animales, végétales, salines, terreuses et gazeuses, et cependant, pour qu'elle soit une boisson salubre, il faut qu'elle contienne la moindre quantité possible de ces substances, l'air atmosphérique excepté, qui paraît lui donner une saveur agréable, parfaitement appréciée par les buveurs d'eau.

Les physiciens pensent généralement que l'eau de pluie serait la meilleure de toutes, si on la recueillait et si on la conservait en suffisante quantité, sans qu'elle contractât aucune altération.

C'est dans le sein de la terre que nous allons communément chercher l'eau nécessaire pour notre boisson et pour tous les usages. On en trouve partout à Bordeaux, en creusant dans le sol, des puits de 18 à 36 pieds de profondeur, dont le fond est toujours du sable ou un rocher calcaire. Cette eau, quoique parfaitement limpide, est le plus souvent surchargée de sels terreux, qui altèrent sa saveur et la rendent impropre à la digestion. Les puits de quelques quartiers fournissent cependant une eau moins séléniteuse et moins insalubre ; on

(125)

l'observe dans les quartiers de St.-Julien et de Ste.-Eulalie.

Plusieurs ruisseaux traversent la ville ; leurs eaux ont été indiquées comme pouvant servir à la boisson des habitans, si on les recueillait avant leur entrée sur notre territoire : nous devons faire remarquer que la plupart de ces eaux, qui contiennent très-peu de sels terreux, sont surchargées de molécules animales et végétales, qu'elles ont recueillies dans les landes et dans les marais qu'elles ont parcourus ; cette altération et la saveur très-désagréable qu'elles conservent, ne permettent pas de les considérer comme potables.

La Garonne enfin, qui forme le beau port de Bordeaux, fournirait avec surabondance à tous ses besoins, si ses eaux n'étaient altérées par les terres alumineuses et calcaires qui les rendent opaques, et par les substances végétales et animales qu'elles tiennent en dissolution.

Les sources que l'on rencontre à la surface de la terre fournissent ordinairement la meilleure eau potable, mais elles ne sont pas les plus communes. La ville de Bordeaux en possédait anciennement plusieurs, dont l'eau était très-estimée, telles que la Font-Daurade, la Font-Bouqueyre, la Font-d'Audége et la Font-de-l'Or. Mais l'exhaussement progressif du sol, et les

établissemens d'une longue civilisation, paraissent avoir influé désavantageusement sur ces
sources, qui ne fournissent plus que des eaux
de qualité inférieure. Les sources de Figueyreau
et de Lagrange sont actuellement presque les
seules sources potables de Bordeaux ; mais elles
sourdent dans un lieu trop bas, pour qu'il soit
possible de les conduire dans la ville ou dans
les faubourgs.

On trouve dans les environs de Bordeaux,
un grand nombre de sources dont les eaux sont
plus que suffisantes pour tous les besoins de
cette ville, puisqu'en supposant sa population
de cent dix mille ames, comme avant la révolution (1), il ne lui faudrait que cent dix pouces

---

(1) *Population de Bordeaux, en l'année* 1789.

Paroisses St.-Remi.	18,599
St.-Pierre.	4,963
St.-Siméon.	2,194
Puypaulin.	2,686
St.-Maixant.	1,692
St.-Projet.	4,472
St.-Christoly.	3,375
St.-André.	1,007
Ste.-Colombe.	1,930
St.-Eloi.	3,714
St.-Seurin.	18,593
Ste.-Croix.	9,620
Ste.-Eulalie.	21,939
St.-Michel.	14,855
Total.	109,639

d'eau (1), d'après les données connues. Pour ne
laisser aucun doute sur ce point, nous présen-
tons ci-contre le tableau des sources disponibles, avec la désignation de leur distance et de
la quantité d'eau fournie par chacune d'elles.
Ces notions sont extraites d'un Mémoire présenté, en 1787, à MM. les maires et jurats, par
MM. Laroque, Bonfin, Blanc et Thiac (2), et
d'un autre Mémoire, sur le même sujet, remis,
en 1791, par M. Lobgeois, aux autorités administratives de cette ville (3).

Au milieu de ces richesses *aquatiques*, qui
pourraient suffire aux besoins d'une population
double de celle qui habitait Bordeaux dans sa
plus grande splendeur, cette ville est réellement demeurée dans la disette, dont voici les
causes. Les deux sources de Mérignac et l'Eaubourde prise au-dessus de Gradignan, sont

---

(1) Le pouce d'eau des fontainiers est la quantité qui
s'écoule à travers une ouverture verticale et circulaire d'un
pouce de diamètre, percée dans une très-mince paroi. Ce
pouce d'eau fournit, dans une minute, 28 livres d'eau, poids
de marc, et dans une heure, trois barriques et demie, la
barrique évaluée à sept pieds cubes. Un pouce d'eau suffit
pour tous les besoins de mille personnes.

(2) Mémoire sur la possibilité d'établir à Bordeaux un
nombre suffisant de fontaines. *Racle.* 1787.

(3) Mémoire relatif à l'établissement d'un plus grand nombre de fontaines publiques, dans la ville et faubourgs de
Bordeaux. *Imprimé chez Racle.*

les seules qui soient plus élevées que le sol de
la place Dauphine de Bordeaux ; elles seules
peuvent donc, sans le secours des machines,
être amenées sur ce point, pour être distribuées dans tous les quartiers ; mais leur grand
éloignement nécessitant une dépense considérable pour les aqueducs et même pour les canaux, l'administration municipale n'a pu jusqu'à ce jour exécuter cette mesure salutaire.
La même raison, et la situation inférieure des
autres sources, n'ont pas permis de conduire
à Bordeaux leurs eaux quoique plus rapprochées.

Les eaux qui servent actuellement à la boisson
des Bordelais, sont : 1°. Celles d'Arlac et du Tondut, les seules des sources extérieures qui ont
été conduites dans cette ville. En opérant leur
jonction, on a fait perdre aux eaux de la première, 16 pieds de leur élévation naturelle, de
sorte qu'elles ne peuvent être distribuées que
dans des quartiers fort inférieurs à la place
Dauphine. On éprouverait le même inconvénient si on entreprenait de diriger dans la source
d'Arlac, les eaux rassemblées dans le regard
de Labatut. Cette réunion porterait à 32 pouces, la quantité d'eau potable, très-bonne, que
la ville recevrait des sources extérieures. Les
eaux d'Arlac et du Tondut alimentent les fontaines du Château-royal, de la rue des Minimes,

de l'Hôpital, de St.-Christoly, de St.-Projet, du Poisson-Salé, et précédemment celles de la rue Royale et de la Douane.

2°. Les habitans éloignés de ces fontaines, boivent les eaux de Lagrange et de Figueyreau, transportées dans des barriques. Quoique ces eaux soient inférieures en qualité à celles d'Arlac et du Tondut, cependant, elles ne méritent pas d'être reléguées dans une quatrième classe, comme l'ont fait les auteurs du Mémoire de 1787.

3°. Une grande partie des habitans s'abreuvent des eaux plus ou moins séléniteuses, des puits domestiques ou publics ; on doit ranger parmi les derniers, la fontaine des Augustins, celle du Marché-neuf, celle de la place Ste.-Colombe, celle du Grand-Marché, la Font-de-l'Or, qui fournit à toutes les fontaines du port, et où les marins s'approvisionnent, la Font-Bouqueyre ou des Salinières, la Font-Daurade et la Font-d'Audège qui entretenait la fontaine du Château-Trompette.

4°. Il y a plusieurs sources peu connues dans les quartiers limitrophes de la campagne. l'Hôpital de la Manufacture a des puits très-peu profonds dont l'eau est assez bonne ; ces fontaines sont alimentées par une source située près la Chapelle St.-Vincent, dans la commune de Bègles.

5°. Plusieurs habitans voisins du port, sur-

9

tout dans le quartier de Bacalan, boivent l'eau de la Garonne, préalablement clarifiée et passée à travers les pierres calcaires poreuses de Bourg, ou dans des filtres particuliers.

D'après cet état des choses, il n'est pas étonnant que depuis long-temps on se soit occupé des moyens de procurer à notre ville l'abondance des bonnes eaux nécessaires pour sa salubrité. Les auteurs du Mémoire présenté aux maire et jurats, en 1787, ont proposé de faire conduire directement à la place Dauphine les eaux de la source la plus élevée de Mérignac, afin de la distribuer dans les quartiers les plus hauts de Bordeaux. Les eaux d'Arlac, séparées de celles du Tondut, afin de leur conserver toute leur hauteur, arriveraient facilement dans les quartiers d'une élévation moyenne. Les eaux réunies du Tondut et des Carmes, ou Artiguemale, seraient destinées à entretenir les nombreuses fontaines des quartiers les plus bas, de sorte que la ville recevrait alors au moins 66 pouces d'eau très-bonne pour la boisson de ses habitans, en supposant qu'on ne trouverait, dans le voisinage des sources susmentionnées, aucun moyen d'augmenter leurs produits. A l'époque où ce Mémoire fut fait, un aquedac, pour la première de ces sources, eût coûté 833,000 fr.; celui pour la seconde, 700,400 fr.; celui pour la source des Carmes,

560,860 fr. La conduite des mêmes eaux, par des tuyaux de fer, jusqu'à l'entrée de la ville, eut été beaucoup moindre, puisque ce moyen employé pour les trois sources n'eût exigé que 543,420 fr. , sans compter la dépense qu'eut entraîné la distribution de ces eaux dans l'intérieur de la ville.

Quatre ans après la publication de ce Mémoire, un ingénieur-hydraulicien et mécanicien, M. Lobgeois, en fit un sur le même sujet. Prévoyant que les dépenses proposées par les auteurs précédens, éloigneraient indéfiniment l'exécution de leurs projets, il tourna ses vues vers les sources beaucoup plus rapprochées de la ville, et dont la conduite exige, par cette raison, une dépense moins forte. Il proposa de rassembler, dans un seul point, les eaux des sources de Dublan, Sallebert et Figueyreau, d'en élever 82 pouces à une hauteur suffisante pour les faire arriver dans un grand réservoir, élevé au centre de la place Dauphine. Parmi les machines qu'il propose à cet effet, il donne la préférence à la pompe à feu, ou machine à vapeurs, qu'il annonce avoir perfectionnée et rendue moins dispendieuse.

Des particularités intéressantes sur les anciennes fontaines de la ville, sont exposées par l'auteur du Mémoire de 1811, dans la partie historique de son ouvrage. Il y parle d'un aque-

duc construit en briques, trouvé dans la maison Descat, rue Ste.-Catherine, et il croit qu'il
servait à la conduite des eaux de la fontaine
Divona, célébrée par Ausone, placée, suivant ses conjectures, au pied du clocher de
Peyberland. La fontaine, dont on a trouvé
des restes dans une cave de la rue Poitevine,
peut bien avoir reçu ses eaux d'un embranchement de cet aqueduc. L'exhaussement du sol,
dans toute l'étendue de la ville, a été la cause
de l'enfouissement de ces fontaines, ainsi que
de celle de la Font-de-l'Or, de celle de la Grave,
de celle de la rue Bouqueyre et de la fontaine
Tropeyte ou Daurade, dont on a découvert les
magnifiques débris en 1807. La même cause
doit avoir produit l'altération de leurs eaux,
qui étaient meilleures autrefois qu'elles ne le
sont aujourd'hui.

Suivant cet auteur, ceux du Mémoire de
1787 n'ont rien laissé à dire sur les moyens
de conduire à Bordeaux les eaux des bonnes
sources des environs, et il désire ardemment
qu'on exécute leurs propositions, après avoir
fait préalablement toutes les vérifications que
ces auteurs demandent eux-mêmes. Il croit,
en outre, que l'on recueillerait de grands avantages, en conduisant à Bordeaux la portion de
la rivière Eaubourde, qui va mouvoir le moulin de Frans dans la commune de Bègles. On

pourrait amener dans le même aqueduc, par des canaux particuliers, la meilleure eau potable, fournie par les sources qui grossissent cette petite rivière. Cette eau potable serait employée aux usages les plus précieux du grand hôpital à établir à St.-Raphaël ; les autres portions, et l'excédent de celle-ci, serviraient d'eaux de chasse, d'abord dans les égouts de cet hôpital, puis successivement dans ceux de la ville, après avoir été reçues dans le canal commun du Peugue et de la Devèze.

L'auteur du Mémoire N°. 1, propose d'imiter les romains dans ce qu'ils firent de bon, et il veut, en conséquence, que des aqueducs apparens soient construits, pour faire venir en abondance de bonnes eaux, même des sources éloignées. Par ce moyen, on pourrait établir, sur chaque place de Bordeaux, des fontaines qui feraient ruisseler l'eau dans tous les quartiers, afin de les purifier et d'entraîner toutes les immondices. On construirait un château d'eau sur chaque marché, en employant, pour élever les eaux, la compression de l'air à l'aide de la chûte du liquide ; on assurerait ainsi les moyens de nettoyer promptement ces foyers d'infection. En attendant que ces constructions soient faites, on pourrait inonder ces places à l'aide d'une ou deux pompes aspirantes et foulantes, à réservoir d'air.

L'auteur du Mémoire N°. 2, fait également sentir la nécessité de multiplier les fontaines; celle d'amener à la place Dauphine les eaux de la source de Mérignac, qui lui est supérieure de 17 à 18 pieds ; d'y former une fontaine jaillissante, et d'en dévier les filets dans tous les quartiers environnans. Le sud de la ville a le plus grand besoin d'être approvisionné. On lui rendra ce service en amenant, dans un aqueduc, la rivière d'Eaubourde, prise au-dessus du pont de la Maye. Arrivée à la place Berry, on la distribuera dans les quartiers voisins. C'est ainsi qu'il convient d'imiter les romains, qui employèrent des sommes immenses à ces utiles travaux, dans les pays où ils fondèrent des colonies. Ils en avaient construit à Bordeaux. On découvrit, du temps de Vinet, près du moulin des Arcs, sur le chemin de Toulouse, des vestiges d'un grand aqueduc, et quelques milles plus haut, on trouva des tuyaux d'environ six pouces de diamètre. Vinet suppose que cet aqueduc fournissait aux douze canaux de la fontaine d'Ausone.

Après avoir établi qu'il faut à la ville de Bordeaux 130 pouces d'eau potable, l'auteur du Mémoire N°. 3 trouve beaucoup de difficultés et moins d'avantages que les précédens, à conduire l'Eaubourde dans cette ville ; il donne l'analyse comparative du Mémoire de 1787 et

de celni de M. Lobgeois. Il conclut que les
eaux d'Arlac et du Tondut, ne fournissant au
plus que 15 pouces d'eau, à raison des interruptions fréquentes de leurs cours, causées par
les réparations annuelles. Pour fournir le supplément nécessaire de 115 pouces, on doit :
1°. Amener à la place Dauphine les eaux de
Mérignac-Labatut, donnant 15 pouces ; 2°. En
prendre 30 pouces à la source des Carmes ou
Artiguemale ; 3°. En obtenir 70 pouces des
sources réunies de Dublan, Dufau, Savignac,
Sallebert, Lagrange et Figueyreau. On élève-
rait suffisament ces dernières, à l'aide des machines convenables, et on les distribuerait dans
tous les quartiers qui n'auraient pu être ap-
provisionnés par les sources précédentes. Les
machines à vapeurs lui paraissent préférables,
sous les rapports de la puissance, de la célérité
et de l'économie. Ces eaux, distribuées sur tous
les points de la ville, y entretiendraient des
fontaines jaillissantes, des jets d'eau, des
moyens coutinuels de propreté, des secours
efficaces contre les incendies.

La prévoyance de cet auteur ne se borne pas
aux besoins actuels de la ville, il présume que
lorsque le pont sera terminé, une nouvelle
ville se formera sur la rive droite du fleuve, et
il indique à ses habitans une source aussi abondante que salubre, sur le coteau du Cypressat.

Ses eaux pourront être conduites sur le bord de la Garonne, traverser le pont, et être employées aux approvisionnemens des navigateurs.

Une opinion bien différente des précédentes a été émise par l'auteur du Mémoire N°. 4. Il reconnaît d'abord, que quoique l'on trouve des eaux partout dans le sol de la ville, cependant ces eaux doivent être distinguées en potables et en eaux de propreté. Les dépenses immenses qu'exigeraient la conduite et la distribution des bonnes eaux des sources éloignées, et les nombreux accidens auxquels sont sujets les divers canaux, lui font rejeter l'avis d'y avoir recours. *L'analyse faite des eaux du Peugue et de la Devèze, a prouvé*, dit-il, *qu'elles étaient très-potables en les prenant avant leur entrée en ville.* On trouve d'ailleurs plusieurs sources dans le marais de la Chartreuse entre ces deux ruisseaux. Cet auteur pense qu'on peut rassembler ces eaux dans un même réservoir, les élever par le moyen d'une machine hydraulique, et les distribuer avec avantage pour tous les besoins.

Il serait superflu de faire la recherche de nouvelles sources, puisque celles indiquées ci-dessus peuvent fournir beaucoup plus d'eau que n'en réclameraient tous les besoins de la cité, quand bien même sa population viendrait à être considérablement augmentée. Votre commission, Messieurs, n'a donc point considéré cette recherche, comme faisant partie de sa tâche ; elle n'a pas cru non plus qu'il fut de son devoir de substituer des projets nouveaux à ceux qui ont été présentés , surtout lorsque parmi les opinions émises, il en est qui lui paraissent devoir réunir tous les suffrages. Dans le choix des moyens d'approvisionnement qu'elle va vous proposer, elle ne fera point attention au plus ou moins de dépenses qui doit en résulter, parce que cette considération n'est que d'une importance secondaire ; elle prendra uniquement pour motif déterminant, la nécessité de fournir à la ville de Bordeaux une quantité suffisante de la meilleure eau pendant plusieurs siècles.

Une observation frappante a dû fixer notre opinion. Les anciennes fontaines de Bordeaux ont disparu, et l'on a dû les abandonner, non-seulement à raison de l'exhaussement général et progressif du sol ; mais aussi à raison des altérations de leurs eaux, causées par les infiltrations insalubres des établissemens de tout genre, qui ont été formés dans leur voisinage. Les fontaines du moyen âge ne fournissent plus des eaux salubres et propres à la boisson des habitans, quoiqu'elles soient encore employées à cet usage. Le même sort menace les sources de Figueyreau et de Lagrange, déjà entourées d'habitations et enclavées dans la ville ; elles subiront peu à peu les altérations éprouvées par les autres sources, et leurs eaux ne seront plus propres à l'avenir, ni pour la boisson, ni pour la préparation des alimens et des médicamens.

Il est donc nécessaire d'aller chercher la boisson des bordelais dans des lieux plus éloignés, qui ne soient point dans le cas d'être renfermés un jour dans l'enceinte de leur ville, et qui rassemblent les eaux atmosphériques non loin de la surface du sol, et sans qu'elles aient été altérées par aucune infiltration hétérogène. Il faut aussi que ces lieux soient assez élevés pour que les eaux puissent être conduites dans tous les quartiers de Bordeaux, sans qu'on soit obligé de construire des machines hydrauliques et des réservoirs plus hauts que la source, car ces machines et ces réservoirs seraient sujets à un entretien continuel et dispendieux; ils devraient être confiés à des agens et à des surveillans, dont la négligence interromprait souvent cet approvisionnement de première nécessité.

Ces lieux, ces sources, les eaux réunissant toutes les conditions désirées, ont été indiqués, Messieurs, par les auteurs du Mémoire de 1787; votre commission n'ayant point trouvé de proposition préférable dans tous les Mémoires postérieurs, est d'avis, avec MM. Laroque,

Bonfin, Blanc et Thiac, que les eaux nécessaires pour la boisson de ses concitoyens doivent être conduites des sources de Mérignac-Labatut, d'Arlac, du Tondut, d'Artiguemale ou des Carmes, dans les divers quartiers de cette ville, en suivant, pour leur distribution, les indications qui résultent des différentes hauteurs de ces sources. Les 66 pouces fontainiers qu'elles fourniront seront suffisans pour la boisson de tous les habitans de Bordeaux, quand bien même sa population deviendrait beaucoup plus considérable qu'elle ne l'était en 1789.

En réservant ainsi ces eaux pour tous les principaux besoins, on pourra recourir aux sources plus voisines, ou même employer les eaux locales pour les besoins qui n'exigent pas l'eau de la meilleure qualité. Ce recours sera indispensable: 1°. Pour faire parvenir dans les édifices publics, et dans les principales maisons des particuliers, des filets d'eau qui formeront une provision réservée contre les incendies, et qui propageront l'usage des bains, si propre à conserver la santé ; 2°. Pour multiplier dans tous les lieux publics, les moyens d'entretenir la propreté, sans laquelle il n'y a point de salubrité; 3°. Pour fournir dans les égouts, des eaux de chasse ou courans actifs, qui préviennent les émanations dangereuses, dont ces canaux sont les foyers perpétuels. Il n'entre point dans nos attributions , d'indiquer les meilleurs moyens d'élever et de distribuer les eaux de cette seconde classe ; la mécanique et l'hydraulique , ont fait tant de progrès depuis bien des années, qu'elles ne laissent plus à cet égard que l'embarras du choix.

Les conduits de l'eau destinée à la boisson , méritent la plus grande attention , sous le rapport de la salubrité. Les tuyaux de terre cuite, étant très-fragiles, leur fracture occasionne de fréquentes et dispendieuses interruptions dans leur service. Les tuyaux de fer , beaucoup plus solides et plus durables que les premiers, sont sujets à la rouille, qui les détruit lentement ; mais cette circonstance ne communique aux eaux aucune qualité malfaisante. Il n'en est pas de même des tuyaux de plomb ; lorsqu'ils sont neufs, ce métal est en partie dissout par l'eau , et la rend capable de troubler la digestion et de produire des douleurs de colique. Il paraît cependant que les vieux tuyaux de plomb ont perdu cette dangereuse propriété, ce qu'ils doivent probablement à une incrustation calcaire, déposée par les eaux sur leurs parois, ou à une oxide blanchâtre , dont ils se recouvrent naturellement. Les tuyaux de zinc ont été trop peu employés, jusqu'à ce jour , pour que nous puissions assigner leurs avantages et

leurs désavantages. Tous les tuyaux ont l'inconvénient de soustraire l'eau au contact salutaire de l'air atmosphérique, et celui d'opposer
à leurs engorgemens accidentels et aux dégagemens spontanés des gaz, une résistance qui
cause leur rupture, à moins que ces engorgemens ou ces dégagemens n'aient lieu dans le
voisinage d'un évent ou d'un regard.

Tous ces inconvéniens seront évités, si les
eaux destinées à la boisson des habitans sont
amenées dans la ville par des aqueducs ; car
ils ne sont point sujets aux ruptures ; ils n'empêchent point l'action de l'air atmosphérique
sur l'eau, et leurs réparations, plus faciles, ne
nécessitent que bien rarement l'interruption de
leur service. Leur construction exigera, sans
doute, une dépense beaucoup plus considérable que l'établissement des tuyaux, mais on
ne peut se dissimuler que leur service sera
plus constant et meilleur. Nos magistrats auront donc une belle occasion d'imiter les romains, dans ce qu'ils ont fait de grand et
d'utile, comme l'ont proposé quelques-uns de
nos auteurs ; car un aqueduc est un monument
consacré à la salubrité publique, et ses fonda-
teurs sont, à juste titre, considérés comme les
bienfaiteurs de leur patrie et de l'humanité.

Ayant ainsi fixé nos idées, sur ce qu'il y a de
mieux à faire, nous aurions pu borner ici le

résultat de nos méditations sur ce sujet, si une réflexion pénible ne s'était présentée à notre esprit. La proposition que nous renouvelons, d'après l'avis des auteurs du Mémoire de 1787, ne pourra être réalisée de long-temps, parce qu'elle exige une très-grande dépense, qui est hors de toute proportion avec les ressources actuelles de la ville. Un avenir plus prospère, et des circonstances meilleures, pourront seuls procurer les moyens d'exécution. Il est donc nécessaire, en attendant, de prémunir nos concitoyens contre l'usage des eaux insalubres, en leur offrant des avis salutaires, en leur indiquant des moyens de s'abreuver, plus propres à conserver leur santé, que ceux dont une grande partie d'entr'eux font un usage habituel.

La disette de bonnes eaux potables, se faisant sentir dans beaucoup de grandes villes, les physiciens ont cherché les moyens d'améliorer les eaux qui se trouvent à la portée des habitans. Ils ont observé que la plus grande partie des substances, soit organiques, soit minérales, qui rendent les eaux impropres à la boisson, se décomposent dans les fleuves, et que leurs ondes ne charrient ordinairement que les débris de ces substances, plutôt suspendues que dissoutes ; de sorte qu'en les séparant par le repos, ou par la filtration, les eaux des fleuves et des rivières deviennent très-propres à être bues. C'est d'après ce principe, que la plupart des habitans de Paris se contentent de filtrer, à travers une couche épaisse de sable, l'eau de la Seine, que tant de causes contribuent à corrompre. Cette eau, quoiqu'elle conserve, après cette opération, une nuance grise et un peu de douceur fade, est néanmoins suffisamment bonne et salubre.

Les eaux de la Garonne, moins altérées par les substances organiques, mais charriant une beaucoup plus grande quantité de terres argileuse et calcaire, ne peuvent en être suffisamment dépouillées, par le repos et par les filtres de sable. Leur ascension capillaire, dans les toiles de coton du sieur Alexandre, n'a produit cet effet, d'une manière satisfaisante, que pendant les premiers temps, et lorsque ces eaux étaient le moins surchargées. Ce n'est qu'en les filtrant, à travers les pierres calcaires de Bourg, qu'on peut leur rendre toute la limpidité désirée ; mais cette filtration, très-lente, ne peut être mise à la portée du public ; elle ne débarrasse point les eaux de puits, des sels terreux qu'elles tiennent en dissolution.

La possibilité de rendre les eaux de la Garonne propres à tous les besoins des habitans de Bordeaux, a été entrevue par l'Académie des sciences, belles-lettres et arts de cette ville, et dans l'espoir de diriger avec succès, vers

cet objet, les méditations des chimistes et des
physiciens, elle a proposé, pour sujet d'un
prix, qu'elle doit décerner en l'année 1818,
les problêmes suivans : *Indiquer les moyens de
dépurer les eaux de la Garonne, dans toutes
les saisons et dans toutes les circonstances physiques que présente cette rivière; puis établir, par
des procédés sûrs et économiques, le moyen de
conduire sur le point le plus élevé de la ville, et
d'y renouveler périodiquement, la quantité de
cette eau dépurée, suffisante aux besoins des
habitans* (1). Nous avons droit d'espérer, que
le résultat de ce concours répandra de nouvelles lumières sur cet important objet. Cependant, nous devons observer que les eaux
de la Garonne, les mieux filtrées, nous ont
paru, quoique très-bonnes, d'une saveur
moins agréable que celles de nos meilleures
sources, lorsque les eaux de celles-ci nous par-
viennent sans altération. Nous devons ajouter
cette dernière condition, parce que, dans l'a-
nalyse des eaux de nos fontaines, qui vous fut
présentée, Messieurs, il y a peu d'années, par
une commission spéciale prise dans votre sein,
les eaux de ces diverses fontaines, quoique
alimentées par les mêmes sources, celles d'Ar-

---

(1) Programme lu dans la séance publique du 24 Août
1816.

lac et du Tondut présentèrent des différences
notables ; les unes contenant plus de substances terreuses , parce que des plâtras avaient
séjourné dans leurs cuvettes ; un autre contenant un mucilage végétal , fourni par des
plantes aquatiques, qui avaient pris naissance
dans cette fontaine.

On a aussi tiré un parti avantageux de la
propriété qu'a le charbon, de purifier les eaux
les plus corrompues par des matières animales.
Une expérience publique, faite , il y a plusieurs années, dans l'hôtel de la bourse de
Bordeaux, démontra aux plus incrédules cette
étonnante faculté. On en fit l'application sur
l'eau marécageuse des Landes, que sa stagna-
tion avait rendue jaune et d'un goût insup-
portable. Cette eau fut très-améliorée, mais
non pas au point de devenir salubre. Les marins ont commencé d'employer ce moyen pour
conserver leur provision d'eau, et le capitaine
russe Krusenstern , dans son voyage autour du
monde , a dû à ses tonneaux charbonnés intérieurement l'avantage de conserver , sans altération, pendant plusieurs mois , celle qu'il
avait embarquée avant son départ.

Le sable et le charbon ont été combinés,
pour former des filtres qui réunissent les avantages particuliers à chacune de ces substances.
MM. Smith et Cuchet, ont créé, à Paris, un

établissement aussi lucratif pour eux qu'il est utile et agréable pour les habitans de la capitale, auxquels ils fournissent l'eau de la Seine, mieux purifiée qu'elle ne l'avait été avant eux. Leurs filtres, composés de couches alternatives de sable et de charbon, ont le mérite d'obliger l'eau à traverser plusieurs fois ces couches, soit en montant, soit en descendant; de sorte que les molécules impures qui auraient échappé à l'action des premières couches, sont nécessairement arrêtées avant d'avoir traversé toutes celles qui composent ce filtre. L'usage de ce moyen a commencé de se répandre à Bordeaux depuis un petit nombre d'années.

Pour rassembler, dans un court espace, toutes les notions intéressantes sur les qualités des eaux qui peuvent être employées par les habitans de Bordeaux, et pour compléter la série des précautions à prendre avant de faire usage des eaux de qualité inférieure, qui sont à leur disposition continuelle, nous désirions, Messieurs, vous présenter l'analyse physique et chimique de toutes celles qui baignent le territoire de Bordeaux et des sources qui l'environnent. Ce tableau, très-varié, offert à nos magistrats et à nos concitoyens, eût mis les uns et les autres, à portée de faire un choix judicieux et sûr de toutes les eaux qu'il con-

vient d'employer, soit pour les divers besoins
de la vie, soit pour ceux des arts ; et dans l'impuissance fréquente d'user toujours des meilleures eaux, les particuliers auraient du moins
été dirigés, d'une manière sûre, vers les moins
mauvaises ; ils eussent pu rejeter, sans hésita-
tion , celles qui sont capables de nuire à leur
santé ou à leurs opérations industrielles. Ce
travail important n'a point été fait ; nous avons
lieu d'espérer que des chimistes, aussi savans
que zélés pour le bien public , se chargeront
de cette tâche, et qu'ils aspireront à la gloire de
rendre un service signalé à leurs concitoyens,
en leur présentant l'analyse physique et chimique ; 1°. Des meilleures sources rurales des
environs de Bordeaux ; 2°. Des eaux des ruisseaux qui traversent cette ville , prises avant
qu'elles y soient entrées ; 3°. Des eaux des sources et des puits de ses divers quartiers ; 4°. Des
eaux de la Garonne, examinées dans les diverses circonstances qui font varier leur trans-
parence, leur couleur, et la quantité des substances qu'elles charrient.

§. 2. — Des Bains.

Les bains sont un des moyens les plus efficaces de conserver et de rétablir la santé. On
les prend le plus souvent chauds, avec ou sans
addition de substances médicamenteuses. La

ville est suffisamment pourvue d'établissemens
de ce genre, qu'on a, pour la plupart, placés
sur le bord de la rivière, afin d'en employer
l'eau.

La vase argileuse et calcaire, dont cette eau
est surchargée, lui donne une qualité savon-
neuse, très-utile pour décrasser la peau, lorsqu'elle n'a pas été lavée depuis long-temps ;
cette matière est inutile et désagréable lorsqu'on n'a pas besoin de remplir cet objet ;
c'est pourquoi l'on fait bien de laisser reposer
l'eau de la rivière avant de s'y baigner, et il
est bon de la dépouiller, par la précipitation,
de la plus grande partie des matières terreuses
qu'elle tient en suspension. Dans cet état de
dépuration imparfaite, l'eau de la Garonne
vaut mieux pour les bains que les eaux séléniteuses de beaucoup de puits.

L'intérêt particulier s'occupera suffisamment
de fournir des bains de tout genre aux habitans
qui auront les moyens de les payer chèrement,
et l'on pourra donner aux établissemens de ce
genre, tous les développemens pratiqués par
les anciens, et les raffinemens en usage chez
les peuples de l'Orient ; ce n'est pas de ceux là
dont nous devons nous occuper, mais bien de
ceux réclamés par les besoins du peuple, et
principalement de ceux qu'il va prendre dans le
lit même du fleuve pendant les chaleurs de l'été.

Ces bains froids sont nécessaires à un très-
grand nombre de personnes, principalement
à la bouillante jeunesse, et à la classe des
ouvriers, qui, après avoir travaillé tout le
jour, quelquefois aux rayons du soleil, éprouvent, le soir, le besoin d'être rafraîchis et res-
taurés. Ce sont les effets que produisent ces
bains, en soutirant du corps le calorique
qui y surabonde, en condensant les fluides
raréfiés, en arrêtant leur disposition à la décomposition, en fortifiant les fibres et les
nerfs.

Les dépôts énormes de vase qui encombrent
la plus grande partie du rivage du fleuve ne
laissant point la faculté de s'y baigner, l'on a
été obligé de choisir, pour cet objet, les cales
dont le sol, rendu plus solide par des pavés
ou du gravier, est nettoyé chaque jour. Les
magistrats ont pourvu à l'ordre et à la décence,
en assignant des cales particulières aux hommes, et d'autres aux femmes, et en restreignant
aux premières heures de la nuit la faculté de
s'y baigner. Ces obstacles, ces restrictions, la
peur qu'inspire l'inclinaison du rivage, le
manque absolu de précautions contre les accidens, détournent beaucoup de personnes de
l'usage salutaire de ces bains. Un grand nombre
de jeunes gens enfreignent les réglemens de
police, se baignent en plein jour dans des

lieux prohibés, ou bien ils vont chercher un
sol plus commode sur le banc de sable de Queyries, et ils s'y livrent à l'exercice de la natation, sans précaution, sans directeurs, sans
surveillans. Il ne se passe aucun été sans que
ces imprudences ne causent la mort à plusieurs
adolescens, l'espoir et la consolation de leurs
familles.

Puisque les bains de rivière sont un objet de
première nécessité pour le peuple, il convient
de lui faciliter les moyens d'en user, et il faut
prendre les précautions nécessaires pour la
sûreté des baigneurs. Le nombre des cales, destinées aux bains publics, pendant l'été, nous
paraît devoir être doublé ; les matelots seront
tenus d'en éloigner leurs barques ou bateaux ;
des pilotis fixeront les limites des bains ; des
filets de cordes, tendus entre les pilotis, formeront, avec le rivage, une enceinte complète,
d'où les baigneurs ne pourront sortir ; des
marins, préposés à la police de ces bains, seront chargés de porter des secours aux individus qui viendraient à être submergés. Il sera
facile de multiplier ces bains publics, lorsqu'on aura pris les mesures nécessaires pour
arrêter et prévenir les envasemens continuels
de notre rivage.

Les bains froids ne pouvant être pris qu'en
été, ne suffisent pas pour tous les besoins du

peuple, surtout pour les individus nombreux dont les travaux engendrent la malpropreté en toute saison, et pour les pauvres qui manquent de linge de rechange. Il sera donc nécessaire d'établir des bains économiques et d'une température modérée, dans la circonférence de la ville, et d'en procurer l'usage gratuit aux pauvres. Cette mesure, en prévenant plusieurs de leurs maladies, épargnera les secours plus coûteux qu'il aurait fallu leur accorder. Nous prévoyons, il est vrai, que cette amélioration ne pourra être exécutée que lorsqu'on aura rendu disponibles les eaux surabondantes qui entourent nos murs, et que leur éloignement ou leur manque d'élévation ont jusqu'à ce jour rendu inutiles, et quelquefois nuisibles.

§. 3. — *De la natation.*

La natation est un art qu'il est bon d'apprendre dans tous les pays, mais qu'il est bien affligeant de voir négligé dans notre département, celui de tous, qui fournit le plus de marins à la France. Il est d'une utilité trop frappante à cette classe précieuse de citoyens et aux habitans des ports de mer, pour que nous soyons dispensés d'exposer combien il est nécessaire d'établir à Bordeaux plusieurs bassins de natation.

(152)

Deux de nos auteurs se sont occupés de cet
important objet, mais l'auteur du Mémoire
N°. 2 (1), s'est borné à faire remarquer son extrême utilité, sans communiquer ses idées
pour l'exécution. L'auteur du Mémoire de 1811
(2), après avoir fait sentir la nécessité de cet
établissement, semble indiquer, pour son placement, le chantier du Roi, en y déviant les
eaux du Guy, ou bien les bords de l'estey
Majou ; mais il ne se dissimule pas le grave inconvénient qu'offriront, dans ces deux cas,
les dépôts vaseux de l'eau de la rivière, intro-
duite dans ces bassins. Beaucoup moins attaché à son avis qu'à la chose, cet auteur indique succinctement un projet présenté il y
a quelques années, qui consiste à circonscrire
dans le lit de la Garonne, non loin du rivage,
et dans un endroit facilement accessible, un
espace de 50 à 60 toises de longueur sur 9 à 10
de largeur. La circonscription serait opérée à
la surface de l'eau par une série de pontons ou
de *coureaux*, dans l'eau, par des pièces de bois
verticales et par des filets de cordes. Pour
donner à la machine la fixité nécessaire, on
construirait, en aval et en amont, des piliers
en bonne maçonnerie, plus hauts que l'eau, à

---

(1) Page 28.
(2) Page 120 et suivantes,

pleine mer, dans les plus fortes marées. L'endroit de la rivière où il convient de placer cet appareil n'est pas indifférent, car il doit avoir une certaine profondeur sans être exposé à de forts courans ; il serait assez difficile de le trouver sur la rive gauche de la Garonne ; mais il est probable qu'on le trouvera sur la rive droite, et que ce placement n'offrira point de graves inconvéniens lorsque le pont sera achevé.

On ne peut disconvenir que l'établissement d'un bassin de natation ne présente des inconvéniens pour la navigation, et de grandes difficultés d'exécution, si on le place dans le lit de la rivière ; des inconvéniens d'un autre genre, et une grande dépense, si on le place sur la terre. Cependant, il n'est pas douteux que ces établissemens donneront lieu à une rétribution qui indemnisera des frais de leur entretien, peut-être même de ceux de leur construction. Quoiqu'il en soit, on ne peut mettre ces dépenses en balance avec le salut d'une infinité d'individus, qui devront à l'art de nager leur vie ; exposée dans des accidens imprévus, dans des voyages, dans l'exercice de plusieurs professions dont le commerce ne peut se passer.

Le dernier projet, indiqué par l'auteur du Mémoire de 1811, a beaucoup de rapport avec un projet que nous avions imaginé ; mais qui

offre plusieurs différences importantes. Comme
celui-là, le nôtre consiste dans un espace cir-
conscrit dans le fleuve, mais sans le secours
d'aucune maçonnerie ; sa circonscription est
formée et assurée par des pilotis qui s'élèvent
au-dessus des plus hautes eaux ; leurs intervalles sont fermés par des filets de cordes ; un
radeau, composé de soliveaux solidement attachés les uns aux autres, forme, dans cet espace, un plancher mobile, qui s'élève ou
s'abaisse avec les eaux de la rivière, demeu-
rant toujours à un mètre et demi au-dessous
de leur surface. Un seul bateau plat, très-long,
est attaché le long de cette enceinte, du côté
du rivage, pour le service de cet établissement ;
la plus grande partie du bateau, divisée en cellules, est destinée à recevoir isolément les baigneurs et les nageurs, avant leur entrée dans le
bassin et à leur sortie. On peut placer ce bassin
vers la partie méridionale du port, et même
sur le banc de sable de la Manufacture. Si le
passage de la rivière ne présentait un grave inconvénient, nous proposerions de l'établir sur
le banc de Queyries, où le sol offre les avantages d'être plus solide, plus uni, moins vaseux
et moins incliné. Nous pensons même qu'on
pourrait s'y passer de radeau ; dans ce cas, il
faudrait placer le bateau plat dans l'enceinte des
pilotis, sur son côté extérieur, et se ménager

les moyens de l'approcher et de l'éloigner facilement et régulièrement du rivage, chaque fois
que l'élévation ou l'abaissement des eaux de
la rivière rendrait ces manœuvres nécessaires.

La difficulté la plus grande qui s'oppose à
l'établissement des bains de natation sur la
terre, c'est la dépense qu'ils occasionneront;
car pour avoir la solidité convenable et pouvoir être nettoyés facilement et fréquemment,
il faut qu'ils soyent construits et pavés en
pierres dures. On peut les placer sur le bord
de la rivière, et employer pour les remplir,
les eaux de celle-ci, vers la fin du flux; mais
dans ce cas, il faut que le sol du bassin soit
fortement incliné, et que la vase déposée soit
relevée au moyen de rateaux et chassée avec
l'eau contenue à chaque évacuation, ce qui
doit se faire vers la fin du reflux. Une surveillance, des précautions moins rigoureuses et
moins dispendieuses, suffiront pour l'entretien
des bassins, dans lesquels on n'admettra point
d'eaux habituellement chargées de matières
terreuses, telles que celles de l'Eaubourde, du
Peugue et de la Devèze; c'est pourquoi nous
proposons d'établir un bassin de natation entre ces deux derniers ruisseaux, immédiatement après les Champs-Elysées, que nous avons
proposés ci-dessus, et dans la partie la plus
occidentale du terrain qui porte le nom de

marais de la chartreuse. Les terres qu'on en
retirera contribueront à l'exhaussement et au
desséchement du sol voisin ; les eaux de ce
bassin, glacées en hiver, offriront un lieu
très-propre pour un exercice particulier à cette
saison ; on y glissera en patins, avec bien
plus d'agrémens et moins de risques que dans
la plupart des lieux qu'on emploie ordinairement à cet usage.

. L'art de nager devenu plus commun par les
facilités qu'on aura de l'apprendre, sera pour
beaucoup de personnes un exercice habituel,
aussi agréable qu'avantageux pour la santé. Il
sera un élément précieux des jeux gymnastiques dans les réjouissances publiques, en donnant la faculté d'établir des joutes et des combats simulés sur l'eau ; ce qui ne peut avoir
lieu sans des dangers très-multipliés, si on ne
possède un grand nombre d'excellens nageurs.

CHAPITRE IX.

De l'art de guérir.

Une ville ne peut être salubre, lorsque l'art
conservateur des hommes y est exercé par une
multitude d'individus incapables ou indignes
d'un ministère aussi important ; lorsque les

substances destinées à la guérison des maladies,
n'offrent très-souvent que des secours nuls,
trompeurs ou dangereux. Tels sont les deux cas
dans lesquels se trouve la ville de Bordeaux.

L'art de guérir y est exercé par un certain
nombre d'hommes honnêtes, savans et judicieux; mais ces hommes estimables y sont en
concurrence avec un grand nombre d'ignorans
et de charlatans. Parmi ces derniers on compte
des femmes superstitieuses, imbéciles ou men-
teuses, des devins, des sorciers, et enfin,
l'individu qu'une personne honnête n'appro-
che jamais, sans effroi, sans horreur.

Quelques-uns de ces ignorans exercent sans
titres; d'autres les ont obtenus avec beaucoup
trop de facilité, grâces à la mauvaise loi du 19
Ventôse an 11, qui, au lieu d'arrêter les abus
et de réprimer leurs auteurs, a couvert les uns
et les autres de son égide, et dont le seul
résultat utile a été de faire gagner beaucoup
d'argent aux professeurs des écoles spéciales;
résultat prévu sans doute par les trois professeurs qui ont été ses auteurs.

Les charlatans auxquels est livrée une partie
de la pratique médicale de Bordeaux, sont
ambulans ou domiciliés. Les uns et les autres
ont une obligation plus grande encore à la
loi citée, car elle leur a fourni les moyens
d'acheter un titre légal, sans avoir besoin de

prouver aucune étude préalable, en présentant des certificats de la mairie, constatant leur
exercice antérieur. Il eut été peut-être convenable de retracer ici les ruses et la conduite de ces
hommes méprisables qui, pour un peu d'or,
se jouent de la vie humaine; ce tableau n'eut
pas été déplacé dans une ville, où l'on a vu
un Mesmer, un Glim et un Cagliostro, produire
par leurs impostures, une véritable épidémie
morale, qui atteignit toutes les classes de la
société; il eut pu être utile, parce que les successeurs, les avortons, les singes de ces fameux
jongleurs, font encore beaucoup de dupes,
même parmi les personnes que leur éducation
semblait devoir tenir en garde contre les séduc-
tions du charlatanisme. Cependant, nous
avons été arrêtés par la réflexion suivante:
cet exposé n'apprendrait que peu de choses
aux hommes judicieux, honnêtes et éclairés,
qui savent discerner la souplesse et les men-
songes des charlatans; il ne suffirait pas pour
détromper les ignorans et les inconséquens,
qui se laisseront toujours éblouir par des flat-
teries, par des espérances, par une jactance
et un babil intarissable; nous nous bornerons
donc à établir les principes qui doivent diriger
également l'administration et le public.

Des hommes se sont destinés dès leur enfance
à la profession de l'art de guérir; ils ont passé

leur jeunesse dans des études longues et dispendieuses ; ce n'est que par ce dévouement
constant qu'ils ont pu acquérir les connaissances variées que cet art exige ; ils ont enfin
subi avec honneur des épreuves sévères, et ils
ont été déclarés capables et dignes d'être les
conservateurs de leurs semblables. La société
doit sa confiance exclusive à ceux qui ont ainsi
observé tout ce que les lois prescrivent pour
assurer la santé et la vie de ses membres ; elle
manque à la justice, à la raison et à ses plus
chers intérêts, lorsqu'elle les met en parallèle
avec des hommes incapables ou malhonnêtes :
les magistrats doivent protéger les premiers
contre ces intrus, et leur assurer l'exercice légal, exclusif et honorable de la noble profession de médecin.

L'incapacité et le charlatanisme étant non-
seulement très-dangereux dans l'exercice de l'art
de guérir, mais contraires à l'esprit de presque
toutes les lois, qui ont voulu que cet art fût salutaire pour les citoyens, il ne doit y avoir ni
permission, ni tolérance, en faveur des individus incapables et des charlatans ; les contraventions et les délits de ce genre doivent être
sévèrement punis, quand bien même l'individu
fautif serait nanti d'un titre légal. Si la sévérité
que nous invoquons, au nom de l'humanité,
continue d'être négligée, les empiétemens jour-

naliers du charlatanisme iront sans cesse en
croissant, et le nombre des véritables médecins
diminuera progressivement, parce que cette
profession cessera d'être honorable, et qu'il
sera bien plus facile et plus prompt, moins dispendieux et plus lucratif de se faire charlatan.

Les remèdes nouveaux et efficaces, qui sont
les résultats d'une découverte ou d'une invention, méritent à leurs auteurs une récompense
publique; il est très-important que ces remèdes
soient généralement connus, dans l'intérêt de
l'humanité. Mais il n'arrive presque jamais que
l'on puisse ranger dans cette classe les remèdes
tenus secrets par ceux qui les débitent. Ce sont
presque toujours des composés de substances
connues, mal assorties, mal préparées, dont
les recettes ont été extraites de quelque auteur
ancien ou moderne; masquées par quelque
ingrédient superflu ou nuisible; combinées
sans discernement, mal exécutées, et employées d'une manière empirique. Les débitans de ces remèdes trompent donc le public, en s'attribuant le mérite d'une invention
ou d'une découverte, en exagérant les bons
effets de leur marchandise, en cachant soigneusement leurs inconvéniens ou leurs funestes résultats, en en faisant une application
aveugle ou inconsidérée, en prônant à tort leur
efficacité dans un grand nombre de maladies,

contre lesquelles ces remèdes sont le plus souvent nuisibles ou inutiles. Dans tous les cas,
ceux qui débitent des remèdes secrets ou prétendus nouveaux, contrarient le bien général
dans leur intérêt particulier ; leur commerce
ne doit donc être ni autorisé, ni toléré.

Un gouvernement paternel ne se borne pas à
proscrire l'ignorance et le charlatanisme, il
prévient la plupart de leurs pratiques meur-
trières, en proportionnant les moyens d'instruction à sa nécessité, et en les mettant à la
portée du plus grand nombre des sujets à former. Comme il ne peut dispenser aucun réci-
piendaire de la capacité requise, il ne le dispensera jamais des études et des épreuves
reconnues indispensables.

Dans le petit nombre de bons articles que
contient la loi du 19 Ventôse an 11, on dis-
tingue celui qui prescrivait l'établissement de
six écoles spéciales en France. Ce nombre est
inférieur aux besoins et aux faibles ressources
de la jeunesse, qui se consacre chaque année
à l'art de guérir. Cependant, la France n'a jamais possédé que trois écoles spéciales de médecine ; car nous ne pouvons regarder comme
lui ayant appartenu, celles qui avaient été établies dans des villes conquises, même posté-
rieurement à la promulgation de la loi précitée.
Il est très-important de ramener à exécution

cette disposition légale, sans être arrêté par les
réclamations intéressées des professeurs des
écoles existantes. Les besoins du commerce et
de la marine, ceux des départemens environnans et des colonies françaises, réclament depuis long-temps un établissement semblable
dans la ville de Bordeaux.

La vie et la santé étant les premiers biens de
l'homme, pourquoi avant d'en confier le dépôt
à des fonctionnaires particuliers, n'attendrait-
on pas que les candidats aient atteint l'âge de la
prudence, exigé de ceux à qui sont confiés les
intérêts pécuniaires des citoyens? Les médecins
ont aussi un égal besoin de la confiance publique, et que celle-ci n'erre pas au hasard sur
un nombre indéfini de collègues, trop souvent
rivaux; car, dans ce cas, ils ne jouiraient pas
d'une existence honorable, et le public serait
exposé à des bévues fréquentes, par les sujets
les moins dignes de sa confiance, et qui sont
toujours les plus disposés à l'abuser.

Une surveillance rigoureuse est nécessaire,
relativement à la conservation et à la préparation des médicamens, tant simples que composés; car leur altération et leur mauvaise
composition peuvent amener des effets contraires ou funestes. Il faut, à cet égard, se
tenir en garde, autant contre la cupidité que
contre l'ignorance; car si les officines offrent

souvent des médicamens que le pharmacien n'a
pas su préparer convenablement, on y trouve
tous les jours, ainsi que chez les marchands
en gros, des drogues simples falsifiées, et des
produits chimiques qui sont infidèles, parce
que leur mélange frauduleux et leur préparation incomplète procurent des bénéfices à ceux
qui font le commerce de ces substances.

D'après ces considérations, dont vous reconnaîtrez facilement, Messieurs, la haute importance, nous vous proposons d'émettre les vœux
suivans, quoique la plupart ne puissent être
réalisés que par des dispositions législatives,
ou par des ordonnances royales; mais nous en
restreindrons l'application à la ville de Bordeaux:

Art. 1er. Il y aura à Bordeaux une école spéciale de médecine. Le nombre de ses professeurs
et les moyens matériels d'instruction seront
suffisans pour enseigner l'art de guérir dans
toute son étendue.

2. Les professeurs chargés de faire un cours
public, n'auront pas la faculté d'en faire de
particuliers.

3. Les étudians ne seront admis à prendre des
inscriptions, qu'après avoir prouvé qu'ils ont
fait de bonnes études dans les lettres et dans
les sciences.

4. Les grades médicaux ne seront conférés

qu'à de longs intervalles, et après une nouvelle
moisson de connaissances pratiques.

5. On ne pourra obtenir le grade de bache-
lier, qui donnera la faculté limitée d'exercer
l'art de guérir, qu'à l'âge de vingt-cinq ans ac-
complis. Les écoles spéciales ne conféreront
pas d'autres grades.

6. Le grade de licencié sera conféré cinq ans
après, et le doctorat dix ans après avoir pratiqué honorablement. Ces grades seront accordés par la corporation médicale de chaque
département.

7. Les professeurs et les autres docteurs,
chargés de la collation des grades, ne recevront aucun émolument des candidats, afin
que leur intérêt ne soit point en opposition
avec l'intérêt du public et l'honneur de leur
profession.

8. Le titre d'officier de santé sera supprimé.
Le nombre des bacheliers, des licenciés, des
docteurs en médecine et en chirurgie, celui
des chimistes, des pharmaciens, et celui des
accoucheuses, seront limités, et dans une juste
proportion avec les besoins de la population.

9. La profession de médecin et de chirurgien,
assimilée à celles de prêtre et d'avocat, ne sera
point soumise à l'impôt de la patente.

10. Les médecins et chirurgiens formeront
une corporation, qui répartira sur ses mem-

bres les impositions personnelles ; elle pour-
voira aux besoins de ceux qui seraient tombés
dans l'indigence, et nommera dans son sein
un comité de discipline.

11. Ce comité maintiendra l'exercice honorable de la profession ; il poursuivra, au nom
de la corporation, les délits et les contraventions; il exigera des réparations, et traduira
devant la corporation assemblée, ceux qui
auront encouru l'exclusion.

12. Seront exclus de la corporation médicale, ceux qui se seront comportés en charlatans, ou qui auront tenu une conduite indigne
d'un honnête homme.

13. Les chimistes et les pharmaciens formeront une corporation semblable.

14. Les remèdes secrets, ou prétendus tels,
seront proscrits. Les personnes qui auront fait
une découverte en ce genre, seront récom-
pensées, et leurs remèdes seront publiés.

15. Les médicamens sophistiqués, mal pré-
parés, ou dont la composition sera contraire
aux formules prescrites et aux réglemens, seront
détruits en la présence des commissaires inspecteurs. Les préparateurs, les compositeurs,
les débitans de ces remèdes seront passibles
d'une amende, ou même de l'interdiction.

Telles sont, Messieurs, les mesures qui nous
paraissent indispensables, pour rendre à la

profession de médecin la considération et les
autres avantages qui lui ont été enlevés par des
hommes indignes de l'exercer. En attendant
que leur nécessité, bien sentie, ait amené la
réforme que vous désirez avec nous, ce sera
dans votre société que se réfugiera, comme
dans un asyle sacré, l'honneur médical tout
entier; vous y appellerez le mérite modeste,
qui souvent se cache ou se méfie de ses forces;
vous y accueillerez, avec distinction et amitié,
tous les hommes de l'art qui, par leurs lumières et par la plus scrupuleuse délicatesse,
se sont rendus dignes d'être les conservateurs
de la vie humaine; vous différerez l'admission
de ceux qui n'ont pas encore acquis des connaissances suffisantes pour exercer honorablement;
vous écarterez l'intrigant, qui fonde ses succès
sur ses ruses et une souplesse servile, et le
charlatan, dont la vogue éphémère n'est due
qu'aux suffrages des ignorans. Le choix que
vous ferez ainsi des praticiens les plus estimables, pour veiller ensemble sur la santé de
la grande famille communale, sera la plus
juste récompense de leurs talens et de leur
honnêteté; il aura une salutaire influence sur
l'opinion publique, et si la société de médecine n'a pas le pouvoir de réprimer les abus et
de prévenir les erreurs d'un grand nombre de
ses concitoyens, elle en sera dédommagée par

la faculté de présenter aux plus judicieux et aux plus sages, une réunion d'hommes éprouvés, formant la partie la plus essentielle de la salubrité de la ville, et à qui pourront être confiées sans crainte, les vies les plus précieuses.

CHAPITRE X.
Des prisons.

Nous comprenons sous ce titre les maisons d'arrêt, les maisons de justice (1), les maisons de force et les maisons de correction (2), qui doivent être distinguées les unes des autres, d'après la loi. Elles contiennent : 1°. les prévenus de contravention ; 2°. de délit; 3°. de crime; 4°. les accusés ; 5°. les mineurs arrêtés sur la réquisition de leurs parens ; 6°. les débiteurs commerciaux malheureux ; 7°. les débiteurs d'amendes, de dommages et intérêts, de frais de justice ; 8°. les condamnés pour contravention ; 9°. pour délit ; 10°. pour crime.

On voit d'après cette simple énumération, combien doivent être étendues les maisons destinées à renfermer un si grand nombre d'individus, si différens les uns des autres,

---

(1) Code d'instruction criminelle, art. 603.

(2) Code pénal, article 16, 21, 40, 67.

par leur condition et par leur moralité ; on peut à la vérité réunir sans inconvénient, des personnes appartenant à plusieurs de ces classes de détenus ; mais un peu de réflexion fera sentir la nécessité de subdiviser certaines de ces classes, et de ne pas confondre dans la même chambre tous ceux qui composent chacune d'elles. Il est inutile, d'ailleurs, d'insister sur l'obligation de séparer les deux sexes, dans tous les cas.

Deux objets doivent fixer principalement notre attention ; premièrement, les dispositions et les mesures relatives à la santé de ceux qui habitent les prisons ; secondement, le traitement des maladies morales qu'on y rencontre et qui sont aussi du ressort de la médecine. Les moyens, soit préservatifs, soit curatifs, que nous conseillerons, sont obligatoires, parce que les causes morbifiques auxquelles ils sont opposés, ne font point partie des rigueurs exigées par les lois, et qu'on n'a pas le droit d'aggraver sans nécessité le sort des prisonniers.

Il est indispensable que les prisons soient composées d'un nombre de chambres, de cellules et de salles, suffisant pour loger sans encombrement la quantité des individus à recevoir, et pour effectuer les séparations reconnues nécessaires. Ces chambres ne doivent

point être froides, humides, sales, obscures,
fétides, peu aérées, ni exposées à des alternatives fréquentes de températures excessives
et opposées. Elles seraient, pour la plupart,
mieux placées dans les étages supérieurs de
l'édifice, plutôt que dans le rez-de-chaussée ;
et si des considérations puissantes empêchent
qu'elles aient des fenêtres opposées, pour que
le renouvellement de l'air s'y opère à volonté,
il faut le faciliter au moyen de tuyaux ventilateurs. Il ne sera pas difficile d'y avoir des
latrines, sans notable infection, si l'on adopte
pour elles un mode convenable de construction, si leur réservoir est constamment pourvu
d'eau, suffisamment incliné, et évacué par
des chasses réitérées une ou deux fois toutes
les vingt-quatre heures. Ces chambres seront
fréquemment lavées, désinfectées par les vapeurs d'acide muriatique, et périodiquement
blanchies à la chaux. Des mesures semblables
de propreté seront régulièrement observées
relativement aux couches, aux ustensiles, aux
vêtemens des détenus ; ils seront nettoyés et
désinfectés aussi souvent qu'il sera nécessaire ;
leur linge, surtout, sera lavé au moins toutes
les semaines. La paille sur laquelle couchent
plusieurs d'entr'eux, sera fréquemment renouvelée et reposera toujours sur un plancher.
Les détenus auront la faculté de respirer l'air

extérieur et de se promener dans des cours où
sous un ombrage agréable , aussi souvent qu'il
sera possible. Les condamnés, même aux peines
les plus rigoureuses, jouiront une ou deux fois
par jour de cet avantage , sur une terrasse ou
sur une galerie. Au moyen de ces précautions,
on entretiendra la santé des détenus, on préviendra la propagation des maladies cutanées,
la multiplication de la vermine et la naissance
des fièvres malignes , si communes dans les
prisons. Les détenus contracteront l'habitude
de l'ordre et de la propreté; ce qui peut avoir
la plus heureuse influence sur leurs habitudes
morales.

Nous ne blâmons point les mesures de sûreté,
qui ont pour but d'empêcher que les détenus
puissent se soustraire à l'action des lois; mais
nous pensons que ce but peut être atteint sans
adopter des moyens contraires à la santé; et
puisque nous sommes chargés, Messieurs, de
la conservation de celle-ci , en faveur de tous
les hommes sans distinction, nous défendrons
les droits de l'humanité dans la personne des
prisonniers, en réclamant contre les rigueurs
inutiles qui peuvent leur être nuisibles ou
funestes. De ce nombre, sont les cachots et
les basses-fosses.

Dans l'obscurité , les hommes s'étiolent
comme les plantes; ils deviennent pâles et

faibles ; leurs facultés physiques et morales
s'affaissent. Ces effets sont bien plus rapides
et plus graves si le lieu qui les renferme, étant
enfoncé dans la terre, est par cette raison froid
et humide ; les pierres épaisses dans lesquelles
ces malheureux sont encaissés, soutirent continuellement le peu de calorique qu'ils conservent et qui ne se régénère que faiblement.
C'est dans ces lieux éminemment insalubres
que l'on contracte plus facilement que dans
tout autre prison, le scorbut et les diverses
autres maladies de langueur ; ceux qui en ré-
chappent s'estiment heureux d'en être quittes
pour des douleurs rhumatismales d'une excessive durée.

Pour prévenir l'évasion des détenus, dont
la captivité est d'une grande importance,
Howard (1) a conseillé de substituer à ces prisons insalubres un édifice entièrement supporté
sur des colonnes et parfaitement isolé, au milieu de murs élevés, formant deux enceintes
parallèles. Des sentinelles, veillant nuit et
jour parmi ces colonnes, rendraient inutiles
toutes les tentatives d'évasion de la part des
prisonniers. Ce moyen nous paraît réunir toutes
les conditions qu'on peut désirer. Cependant,
nous ne décidons pas que nos habiles ingé-

(1) État des prisons et des hôpitaux de l'Europe.

nieurs ne puissent point encore ajouter aux
mesures de sûreté et de salubrité proposées par
le philantrope anglais.

Parmi les graves inconvéniens du transport
des prisonniers malades dans un hôpital situé
à une certaine distance de la prison, nous nous
bornerons à noter les suivans : la plupart des
prisonniers qui réclament cette faveur, la
fondent sur de frivoles prétextes, et ceux à
qui elle est nécessaire souffrent et sont affai-
blis par cette translation ; elle est dangereuse
surtout pour ceux qui sont atteints de la fièvre
maligne, et pour l'hôpital, où cette terrible
maladie peut facilement se propager. Les prisonniers malades seront donc réunis dans une
infirmerie, qui sera pratiquée dans l'étage le
plus élevé de l'édifice, parce qu'il est plus aisé
d'y procurer le renouvellement fréquent de
l'air, d'y faire jouir les malades de la clarté
restaurante du soleil, et de s'y relâcher, avec
sûreté, des rigueurs de leur captivité. Ils y seront servis par des religieuses hospitalières,
afin que l'on soit plus assuré de l'exactitude
dans l'administration des secours, de l'aménité
dans les soins, et de la surveillance sévère
qu'exigent leur moralité, leur conduite, et
peut-être leurs desseins.

En privant de la liberté certains individus
qui en faisaient un usage dangereux, la loi,

essentiellement impassible, n'a point eu pour
but d'exercer une vengeance, mais de pourvoir à la sûreté publique; elle a ménagé aux
condamnés le temps et un moyen de s'amen-
der. Cependant, ce dernier but serait manqué,
si leur captivité n'était accompagnée d'un régime et d'un traitement absolument nécessaires
pour guérir les maladies de l'esprit et du cœur,
dont ces malheureux sont atteints, pour prévenir la propagation de ces maladies. Tenons-
nous donc en garde contre l'indignation, l'horreur et le mépris que peuvent justement inspirer
quelques criminels; que la commisération nous
rapproche du triste séjour où ils expient leurs
fautes; ne perdons pas de vue que les maladies
morales ont leur contrepoison dans les vertus
qui leur sont respectivement opposées, dans
l'instruction, dans la bonne foi, dans la bonté,
dans l'activité, dans l'ordre et la paix; que ces
vertus se contractent par l'exemple et la pratique habituelle : appliquons ces remèdes moraux aux infortunés détenus dans les prisons;
ne désespérons pas de mettre un terme à leur
dépravation et à leur malheur, et tâchons
de restituer le plus grand nombre d'entr'eux à
la condition d'hommes honnêtes, sains, libres
et utiles.

Les détenus, non jugés, ne doivent point
être tous réunis dans le même lieu, parce que

ce serait une peine très-grave, infligée à des innocens, qui ont eu le malheur d'être soupçonnés, que de les mettre en communication continuelle avec des individus qui ont renoncé à l'honneur et à la probité. Indépendamment des prisons solitaires, destinées aux prévenus qui, provisoirement, ne doivent communiquer avec personne, il est donc nécessaire qu'il y ait des dépôts particuliers : 1°. Pour ceux dont l'arrestation doit être de courte durée; 2°. Pour les prisonniers pour dettes; 3°. Pour les mineurs arrêtés sur la réquisition de leurs parens; 4°. Pour les prévenus de délit; 5°. Pour les prévenus de crimes. En second lieu, tous les condamnés ne peuvent non plus être confondus sans danger. Les mauvaises mœurs étant susceptibles d'être contractées par les esprits faibles et inconséquens, il serait pernicieux pour les jeunes gens, et pour ceux qui n'ont fait encore que les premiers pas dans la carrière du vice, de se trouver en relation avec les hommes entièrement pervertis ou condamnés pour crime. Enfin, l'expérience prouve que les criminels, eux-mêmes, s'endurcissent et se corrompent davantage par leurs discours, lorsque, étant renfermés dans le même local, il s'établit entr'eux une association d'idées, d'intérêts, de vues et de déterminations. Ces faits ne laissent aucun doute sur la nécessité

de diviser les condamnés en autant de classes
que l'exigera le degré de leur ignorance et de
leur immoralité, afin d'appliquer à chacune,
le genre d'instruction et le régime qui lui con-
viendront le mieux. Quant aux individus complètement pervertis et effrénés, qui n'écoutent
point la voix de la raison, de la justice, de la
religion, ils doivent être séquestrés dans des
loges particulières, et n'avoir de communication avec personne : *La solitude et le silence
effrayent le crime ; elles portent l'ame à la réflexion, et la réflexion au repentir. Le méchant
est un homme dépravé ; dans le recueillement et
le calme il s'épure, et les heures silencieuses et
pensives ramènent plus d'hommes égarés et coupables à l'amour de l'ordre et de l'honnêteté,
que les punitions les plus sévères et les exhorta-
tions les plus fortes des ministres de la religion* (1).
L'obligation de travailler a été imposée à
l'homme par l'auteur de la nature, et depuis le
sage Monarque, qui s'occupe jour et nuit des
moyens d'assurer la tranquillité et la prospérité
de l'état, jusqu'au pauvre laboureur, qui, à la
sueur de son front, fertilise un petit coin de
terre, il n'est aucun homme estimable qui ne
se livre habituellement au travail. L'homme

_____

(1) Howard, État des prisons et des hôpitaux de l'Europe; tome 1, page 45.

qui, négligeant ce devoir, engourdit dans l'oisiveté, ses facultés physiques et morales, se laisse
bientôt entraîner par de vils penchans, et si la
fortune n'a pas mis à l'avance à sa disposition
d'abondans moyens de subsistance et de jouissance, il ne sait en trouver que dans la viola-
tion des droits d'autrui, il encourt les punitions légales, il est au nombre des captifs
honteux dont nous nous occupons.

Pour les ramener dans le sentier de la vertu,
il est indispensable d'obliger à un travail jour-
nalier tous les détenus nourris aux frais du
Gouvernement, et tous les condamnés, sans
exception. Les genres de travail qu'on leur
procurera seront faciles à exécuter, variés et
gradués, suivant les forces des travailleurs,
leur capacité, leur aptitude spéciale, leurs habitudes antérieures. Les travailleurs les plus
exercés instruiront les novices ; les plus habiles
et les plus diligens obtiendront un salaire plus
fort, ce qui excitera l'émulation générale ; tous
recevront une partie du salaire gagné, afin de
se procurer quelque jouissance ; le surplus de
leur bénéfice sera mis en réserve pour leur
servir de ressource dans la suite (1). Leur esprit
ainsi dirigé vers des occupations utiles, perdra

---

(1) Code pénal, art. 21 et 42. Ces dispositions sont de
nouveau prescrites par l'ordonnance du Roi, du 2 Avril 1817.

de vue les projets injustes ou méchans dont il
se repaissait auparavant ; tous contracteront
l'heureuse habitude du travail, et acquerront
des talens industriels qui les rendront capables
de pourvoir honnêtement à leur subsistance à
l'avenir.

C'est par leurs discours grossiers, malhonnêtes et pervers, c'est en se glorifiant d'avoir
fait le mal, et en annonçant de nouveaux projets
criminels, que les hommes dépravés communiquent leurs vices aux individus faibles ou
inconséquens, et à ceux qui n'ont reçu que peu
ou point d'éducation, comme le sont la plupart
des prisonniers. Il ne faut point les laisser habituellement exposés à cette cause puissante
de corruption. Ils seront tous obligés de garder
le plus profond silence, soit lorsqu'ils seront
réunis dans les ateliers, soit lorsqu'ils se rendront aux divers exercices , ou qu'ils se retire-
ront dans leurs chambres. Cette règle établie
les empêchera de se détourner mutuellement
de leurs travaux, pendant lesquels ils pourront
écouter attentivement des lectures ou des ex-
hortations instructives. Ils n'auront la permission de converser ensemble que dans les courts
instans de récréation qui leur seront accordés,
et même alors ils seront sous la surveillance
de personnes chargées de les maintenir dans
l'ordre et la décence. Quant aux grands cou-

pables, séquestrés dans des loges particulières, ils y travailleront, et ne seront point admis dans les ateliers.

La classe infortunée qui a le plus grand besoin d'être éclairée, est, sans contredit, celle qui étant déjà tombée dans le précipice de l'immoralité, ne peut en sortir qu'a l'aide des lumières qui lui feront connaître toute l'étendue de sa honte et de son malheur. Elle est d'autant plus à plaindre, que souvent elle a rejeté le secours de ces lumières, dont elle ne connait pas le prix, et que son indifférence pour l'estime publique lui a fait braver les punitions légales, sous le poids desquelles elle gémit actuellement. Mettons à profit pour son amélioration, la captivité qu'elle a méritée, et avant qu'elle recouvre la liberté, donnons lui les instructions dont elle a besoin pour ne plus la perdre, et pour en mieux user à l'avenir. Ces instructions formeront la base essentielle du traitement des maladies morales qui menacent de leur perte un si grand nombre de malheureux.

L'homme immoral, méconnait souvent les notions les plus simples du juste et de l'injuste ; il faut lui apprendre à les discerner, à aimer ce qui est bon et honnête ; il faut lui faire comprendre, combien il lui importe d'obtenir l'approbation et la confiance des gens de bien ;

et lui faire prévoir que sa bonne conduite et
une activité laborieuse, rendront dans la suite
son sort plus heureux et plus tranquille. Il
faut, surtout, le ramener à la connaissance
d'un Dieu bon, juste, sévère, qui lit dans les
consciences, qui, présent aux actions les plus
secrètes, punira infailliblement le crime dans
cette vie ou dans une vie future; mais qui par-
donne au coupable repentant, qui prouve la
sincérité de son repentir en se corrigeant et en
réparant par une conduite louable ses fautes
antérieures.

La journée des condamnés sera constamment
remplie par une série réglée de travaux et
d'exercices religieux ou instructifs, interrom-
pue seulement par les repas et par de courtes
récréations. Tous seront forcés de se conformer
à la règle, quelle qu'ait été leur condition
antérieure, quelles que soient leurs ressources
actuelles; et ceux qui ne s'y soumettront pas,
auront la certitude de voir leur sort aggravé
par des punitions accessoires : ceux qui, do-
ciles, exacts à leurs devoirs, ou repentans,
donneront des preuves non équivoques d'a-
mendement et d'amélioration, obtiendront
divers adoucissemens à leur peine, ou même
une abréviation de leur captivité; indulgence
autorisée par les lois.

Ces travaux, ces exercices instructifs, exigeront des ateliers et une chapelle, dont les distributions seront telles, que les diverses classes de détenus puissent y être séparées, et néanmoins surveillées facilement. Mais quelles sont les personnes qui surveilleront et dirigeront les travaux des prisonniers ; qui leur donneront des instructions morales et religieuses ; qui les rameneront par de bons avis ; qui les soumettront par l'ascendant d'une grande vertu ; qui les calmeront par une charité et une douceur inaltérables ; qui leur prodigueront des soins affectueux pendant leurs maladies ; qui auront soin d'entretenir la propreté de leurs vêtemens et de leurs chambres ; qui leur rappelleront sans cesse la nécessité de devenir, non-seulement honnêtes gens, mais bons chrétiens ? Il est évident que l'on ne peut trouver les qualités nécessaires pour remplir ces pénibles fonctions, et pour obtenir ces importans résultats, que dans les personnes qu'un dévouement religieux a fait renoncer à tous les agrémens de la vie sociale, et qui, aspirant à des plaisirs éternels, ineffables, dans le sein de la Divinité, ne croyent pas pouvoir les acheter trop cher, en se soumettant à des sacrifices continuels, et en supportant toutes sortes d'humiliations pendant leur existence passagère sur la terre. Les services qu'elles rendront habituellement aux prisonniers, les adou-

cissémens qu'elles leur procureront, et l'exemple de leurs vertus, donneront à leurs préceptes la plus forte et la plus heureuse influence sur l'esprit et le cœur des individus
qu'elles auront à éclairer, adoucir, persuader,
corriger et guérir moralement.

Nous venons d'exposer, Messieurs, les principes sur lesquels on doit fonder la distribution
et le régime des maisons de détention ; nous
désirions pouvoir dire qu'il n'y a plus qu'à en
faire l'application à celles de Bordeaux ; mais
vous allez voir que leur état actuel ne permet
pas d'établir immédiatement ces sources de
la régénération des infortunés, que leur destinée y conduit.

Il n'y a que deux prisons à Bordeaux : l'une
est dans le rez-de-chaussée de l'un des bâtimens de l'hôtel de ville, l'autre est le fort du
Hâ tout entier. La première sert de maison
d'arrêt pour les deux polices municipale et judiciaire, et de maison de justice pour le tribunal correctionnel. Le fort du Hâ renferme tous
les autres détenus, et les divers bâtimens dont
il est composé servent de maison d'arrêt, de
maison de justice, de maison de correction, de
maison de force. Depuis plusieurs années, les
individus condamnés à une réclusion plus ou
moins longue, sont envoyés à Villeneuve-
d'Agenais, où le gouvernement a rassemblé les

condamnés de plusieurs départemens pour les
employer à divers travaux, tandis que les hommes condamnés aux travaux forcés sont envoyés dans un port militaire pour y subir leur
peine. Cette translation ne se fait guères qu'une
fois par an, et les condamnés l'attendent dans
le fort du Hâ. Ceux dont la détention ne doit
pas être longue, y passent aussi tout le temps
de leur punition. Quelques-uns de ces individus travaillent, mais non pas avec constance
et régularité, soit parce qu'ils n'y sont pas
obligés, soit parce qu'ils manquent de travail,
soit enfin parce qu'ils n'ont pas le débit de celui
qu'ils ont confectionné.

L'auteur du Mémoire N°. 1, se plaint de ce
que les prévenus sont renfermés dans des prisons obscures, infectes et insalubres, et subis-
sent ainsi une peine, quoique les coupables
seuls soient dans le cas d'en être atteints.

L'auteur du Mémoire N°. 3, rapporte les événemens les plus frappans, produits en divers
lieux, par l'infection des prisons, et les épidémies très-meurtrières de la fièvre maligne qui y
naît, et qui s'est souvent propagée à l'extérieur. Il donne pour exemple principal celle
qui fut produite, il y a peu d'années, dans le
midi de la France, par l'encombrement sur-
venu dans les prisons, lorsqu'on y accumula
les conscrits réfractaires, les déserteurs et

les prisonniers de guerre. Passant ensuite à l'examen des prisons de Bordeaux, il remarque, dans le fort du Hâ, que ses deux puits fournissent une eau impure (1); que les fosses d'aisance infectent les chambres, à raison de leur mauvaise construction, et parce qu'elles ne s'évacuent pas journellement dans un aqueduc; que l'infirmerie est trop resserrée; que les deux sexes réunis y sont en proie à une malpropreté dégoûtante.

Pour remédier aux vices de l'eau des puits, cet auteur propose de deriver dans le fort du Hâ, un filet d'eau des sources de Mérignac; c'est en effet ce que l'on peut faire de mieux en faveur des détenus. Pour supprimer l'infection causée par les latrines, il veut que les matières soient reçues dans un aqueduc dirigé vers le Peugue, et il donne quelques avis semblables à ceux que nous avons indiqués ci-dessus.

La prison de l'hôtel de ville est composée de plusieurs chambres obscures et fétides, où les prisonniers sont la plupart couchés sur la

---

(1) Cet auteur aurait pu ajouter, que leurs eaux sont séléniteuses et impropres à la cuisson des légumes secs. Il aurait dû parler des cachots infects et mal-sains qu'on y trouve, surtout dans la tour anglaise. Ces faits ont été constatés, en 1806, par une commission, chargée, par la société de médecine, d'examiner les causes d'insalubrité existantes dans le fort du Hâ.

paille ; usage qu'il conseille de remplacer par celui des hamacs , plus favorables à l'ordre et à la propreté.

Ces deux prisons paraissent à cet auteur très-insuffisantes pour le nombre des détenus , et il reconnaît la nécessité d'en établir une troisième , à moins que des circonstances plus heureuses ne viennent diminuer le nombre des détenus.

Les deux auteurs précités sont les seuls des concurrens qui aient parlé des prisons, et comme vous le voyez, Messieurs, d'une manière incomplète. Sans avoir besoin de relever minutieusement leurs omissions , nous ne pouvons nous empêcher de reconnaître que ces deux maisons sont très-insuffisantes pour le nombre des détenus qu'elles reçoivent habituellement , parce qu'elles n'ont pas été construites et distribuées pour la destination qu'elles ont reçue. Il est donc impossible d'y pratiquer toutes les séparations et distributions désirées , d'y entretenir la propreté, l'ordre, le renouvellement de l'air, et les autres mesures de salubrité, et d'y établir le système nécessaire d'instruction morale et religieuse.

Nous n'ignorons pas que, depuis peu de temps, le régime du fort du Hâ, surtout, a reçu quelques améliorations, sous les rapports physiques et moraux ; que beaucoup de che-

mises ont été fournies aux prisonniers qui en
étaient absolument dépourvus ; qu'un blanchissage régulier de leur linge a été établi ;
qu'on leur a procuré quelques moyens de
travail ; qu'un atelier a été formé en faveur
des jeunes garçons ; que des germes d'instruction et de religion ont été semés. Rendons-en
grâces à la commisération prévoyante des magistrats, au dévouement des sœurs de la charité de Ste.-Eulalie, et à celui de quelques
ecclésiastiques. Mais ne nous dissimulons pas
que ces efforts, bien louables, sans doute, ne
produiront que peu de fruits, si l'on ne rend
les prisons de cette ville susceptibles de toutes
les améliorations désirées.

La première mesure à prendre, est de leur
donner une étendue suffisante, en faisant les
constructions nécessaires sur les emplacemens
vacans qui avoisinent le fort du Hâ et l'hôtel
de ville. Ce n'est qu'après avoir exécuté cet
agrandissement, qu'on pourra donner à toutes
leurs parties les proportions et les distributions
convenables, faciliter le renouvellement continuel de l'air, entretenir partout la clarté, la
salubrité ; supprimer les cachots et les basses-
fosses, établir l'infirmerie, les ateliers, la chapelle, les lieux de récréation et de promenade,
les loges isolées ; donner tous les développemens et la régularité nécessaires au nouveau

régime à fonder sur le travail et l'instruction, et le rendre obligatoire pour tous.

Indépendamment de ces moyens, nous croyons qu'il doit y avoir une maison de détention particulière pour les débiteurs malheureux et pour la jeunesse, qui, n'ayant fait encore que les premiers pas dans la carrière du vice, ne peut être accoutumée, sans danger, à l'opprobre qui accompagne les punitions judiciaires. C'est dans cette maison, que les mineurs détenus, par l'autorité de leurs parens, seront soumis à une discipline sévère, dont les rigueurs et la durée seront augmentées, dans le cas de récidive ou d'indocilité.

Un établissement particulier est aussi nécessaire, en faveur des jeunes filles séduites, ou déviées, d'une manière quelconque, du sentier de l'honnêteté, parce que leur perte est assurée si on les confond avec les femmes déhontées qui les ont peut-être entraînées dans leurs premiers écarts, et qui ne permettent, pour elles-mêmes, que peu ou point d'espoir de guérison morale. Cette institution existait avant la révolution, dans la maison du Bon-Pasteur, et ensuite dans la maison de Force, où des religieuses, aussi habiles que vertueuses, ont obtenu les plus grands succès, en faveur des mœurs et de la religion. C'est là que nous nous rappelons avoir vu un atelier nombreux

de jeunes filles, travaillant dans le plus grand
silence, et sans détourner les regards de leur
ouvrage, partageant toute leur attention entre
l'objet de leur occupation et une lecture ins-
tructive ou des prières. C'est aussi dans cette
maison que nous en avons vu plusieurs, déjà
corrigées, recevant les avis de leur directrice
avec autant de docilité que d'humilité, et at-
tachant sur elle des yeux pleins de respect et
de reconnaissance. Beaucoup de ces victimes
du malheur, ou d'une mauvaise éducation,
voyaient arriver avec peine le terme de leur
captivité, et ne quittaient qu'avec regret ce
séjour où, en paix avec leur conscience, elles
n'avaient respiré que l'innocence, la vertu et
le bonheur. L'extravagance révolutionnaire,
confondant la liberté avec la licence la plus
effrénée, et brisant le frein de l'autorité paternelle, a renversé cette institution et anéanti le
bien qu'opéraient chaque jour les religieuses
de la Congrégation de Nevers, en faveur des
jeunes filles qui leur avaient été confiées par
leurs parens.

Quelque temps après, des administrateurs
éclairés entreprirent de réparer ce mal, et d'utiliser le zèle et les lumières de ces respectables
religieuses ; ils établirent, dans l'hospice im-
proprement nommé la maison de Force (1),

_____

(1) Le Code pénal donne le nom de maison de Force, à

le dépôt des femmes condamnées à la réclusion. Le changement le plus heureux dans
les mœurs et les habitudes de ces infortunées,
a été le fruit de cette sage mesure ; un grand
nombre d'entr'elles, rendues à la société, y
sont devenues de chastes épouses et de bonnes
mères ; on voyait avec satisfaction prospérer
cet établissement, lorsque le gouvernement
supprima ce dépôt, et le réunit, près d'Agen,
à un dépôt de condamnées, commun à plusieurs départemens.

Depuis cette époque, toutes les filles et
femmes, majeures et mineures, prévenues ou
condamnées pour contravention, pour délit,
pour crime, sont rassemblées et confondues
dans la tour carrée du fort du Hâ, et l'autorité
des parens, qui veut punir correctionnelle-
ment une jeune fille qui commence à s'égarer,
n'a pour la détenir que ce lieu, où elle sera en
communication continuelle avec des êtres dépravés, qui la pervertiront entièrement. Le
conseil municipal, affligé d'un ordre de choses
si contraire aux bonnes mœurs, a voté le rétablissement de l'institution salutaire qui existait
dans la maison de Force ; ce vœu de tous les

---

celle où sont détenus les femmes condamnées aux travaux
forcés, et les deux sexes condamnés à la réclusion. Articles
16 et 21.

bons citoyens, émis officiellement le 17 Août
1809, est demeuré sans exécution.

CHAPITRE XI.
Des secours publics.

Anciennement, des peuples barbares, ne
trouvant pas dans la culture de leurs champs,
et dans leur commerce, de quoi faire subsister
leur trop abondante population, en chassaient
une partie, et l'envoyaient porter la dévastation dans des contrées lointaines, pour y
trouver leur nourriture et un établissement.
Les peuples de l'Europe moderne sont-ils plus
sages et plus heureux avec leurs arts, leurs
fortunes colossales, leur luxe et leur prodiga-
lité d'une part, et de l'autre, avec leurs pauvres, dégradés au physique et au moral, s'éga-
rant, par ignorance ou par désespoir, dans la
route de l'immoralité et du crime, fuyant dans
toutes les directions le sol qui les vit naître, ou
mourant prématurément de faim, de froid,
des maladies produites par leur misère?

Nous n'entreprendrons point, Messieurs, de
résoudre ce problème; mais en considérant les
besoins de l'humanité et les ressources qu'elle
peut trouver dans les vertus et les institutions
qui existent chez les peuples policés, nous

croyons pouvoir établir en principes : 1°. Que
l'enfant, le malade, l'infirme et le vieillard,
ont le droit de trouver, sur le sol natal, les
secours et la nourriture que leur faiblesse les
empêche de se procurer ; 2°. Qu'il est du devoir
des gouvernemens de fournir des secours gratuits aux pauvres invalides, et de l'occupation
à ceux qui peuvent, par leur travail, acquérir
les moyens de pourvoir à leur subsistance et à
celle de leur famille ; 3°. Qu'ils doivent diriger
vers le soulagement des malheureux, l'amour
propre, qui veut paraître vertueux, la com-
passion, qui partage les douleurs d'autrui,
la bonté, qui devient heureuse par le bien
qu'elle répand, toutes les vertus qui honorent
le cœur de l'homme, et les utiles combinaisons de son esprit.

Pour renfermer dans de justes bornes les réflexions qui naissent de cette matière, nous
écarterons de la discussion, les questions suivantes, qui n'intéressent pas seulement notre
cité, mais toutes celles du royaume. 1°. Conti-
nuera-t-on de tolérer la mendicité et l'oisiveté
volontaires des individus valides qui y trouvent
souvent plus de bénéfice que dans une profession laborieuse ? 2°. Avant de proscrire la mendicité, ne doit-on pas avoir préparé des asyles appropriés pour les diverses classes de mendians
qui ne peuvent fournir à leurs besoins, et du tra-

vail pour les autres ? 3°. Quand une contrée n'offre pas l'occupation nécessaire à sa population indigente, faut-il y créer des moyens de travail, ou diriger une partie de cette population vers les lieux où ces moyens existent ? 4°. Les pauvres qui n'ont pas les moyens de fournir à la dépense d'un long voyage, doivent-ils conserver la faculté illimitée de traverser la France dans toutes les directions, sous le prétexte d'aller dans une ville très-éloignée chercher l'occupation qu'il n'ont pas chez eux, et les municipalités des grandes routes doivent-elles continuer de les défrayer, moins pour les secourir, que pour ne pas acquérir des habitans toujours onéreux, souvent dangereux ? 5°. Tout individu valide, qui n'a point de revenu ni de profession connue, ne peut-il pas être contraint de travailler, à moins qu'il ne justifie à l'autorité qu'il a des moyens légitimes de pourvoir à sa subsistance ? 6°. Pour prévenir la misère dans laquelle tombent beaucoup de familles, jadis dans l'aisance, ne conviendrait-il pas de rendre obligatoire pour tous les enfans, même pour les plus fortunés, une éducation qui les mit dans le cas de se suffire à l'avenir, s'ils venaient à éprouver les rigueurs de l'adversité ? 7°. La suppression des maîtrises et jurandes a-t-elle contribué au perfectionnement des arts industriels et au bien de la plupart des individus qui les exercent ?

8°. Vaut-il mieux s'occuper des moyens de faciliter, hâter et multiplier les mariages, sans s'inquiéter du bien-être futur des individus qui les contractent et de ceux qui en sont les fruits, plutôt que des moyens d'assurer la conservation, la vigueur et le bien-être de la population, sans s'inquiéter si elle sera diminuée par le retard des mariages? 9°. L'utilité des caisses d'épargnes et des caisses d'assurances contre les événemens malheureux, étant reconnue, doivent-elles être établies par des particuliers ou par les magistrats? Nous abandonnons à la sagesse des législateurs et du gouvernement la solution de ces questions éminemment importantes à la sûreté et à la prospérité publique ; nous nous restreindrons dans tout ce qui concerne l'application des secours aux pauvres de Bordeaux.

La plus grande cause d'insalubrité d'une ville, c'est la misère de ses habitans. En effet, les pauvres se logent mal ; nous avons fait connaître ci-dessus la funeste influence des habitations mal-saines. Ils n'ont que des vêtemens insuffisans ou mal-propres ; dans le premier cas, ils ne sont point garantis contre les excès du chaud, du froid, de l'humidité ; dans le second, ils contractent des maladies de la peau contagieuses. Leurs alimens sont en trop petite quantité, ou de mauvaise qualité : les pauvres ne

sont donc pas suffisamment nourris, ce qui
donne lieu aux maladies de langueur, ou bien
leurs alimens produisent des humeurs viciées,
d'où naissent une multitude de maux aigus ou
chroniques. Lorsque le pauvre travaille, si
c'est avec excès, il épuise ses forces, qu'il
croit envain rétablir en se livrant à l'intempérance ; si c'est en plein air, il essuye tous les
excès et les changemens des températures atmosphériques ; s'il se livre aux occupations
d'une profession insalubre, il est sujet à une
infinité de maladies ; s'il manque de travail,
il tombe dans l'oisiveté, dans le chagrin, dans
le découragement et le désespoir, qui se ter-
minent par la mendicité, par d'autres vices que
les lois sont forcées de punir, par des maladies
atoniques et cachectiques qui mettent un terme
prématuré à son existence. Préoccupé des
soins nécessaires pour fournir à ses besoins de
première nécessité, le pauvre néglige ou ignore
ceux qui sont propres à conserver sa santé ; il
méconnaît ses devoirs ; il transmet son ignorance, ses infirmités et ses vices à ses enfans ; leurs
maux physiques et moraux deviennent cause
les uns des autres, ils se répandent épidémi-
quement, et s'invétèrent par le défaut de correctifs ; l'humanité est dégradée et malheureuse
dans la personne du pauvre, sous le double
rapport de la santé et des mœurs.

13

Il appartient aux hommes qui exercent la profession le plus essentiellement secourable, de méditer sur les maux qui affligent un aussi grand nombre de leurs concitoyens ; et puisque nous sommes chargés, Messieurs, de combattre les infirmités physiques et morales de nos semblables ; tous les maux des pauvres font partie de notre tâche, et il est de notre devoir d'examiner si les secours qui leur sont appliqués sont bien entendus et proportionnés à leur étendue, s'ils sont capables de prévenir ou de guérir le plus grand nombre des maladies des pauvres.

Ces secours sont de deux genres, ceux qui soulagent les maux physiques, et ceux qui, en prévenant ou corrigeant les infirmités morales, diminuent la dépravation de l'homme, contribuent à son bonheur et à sa santé. On se ferait donc une idée bien inexacte des secours nécessaires aux pauvres, si on croyait qu'ils se bornent au logement, aux vêtemens, à des substances alimentaires ou médicamenteuses ; on doit aussi combattre à la fois, leurs maladies physiques et morales, dépendantes les unes des autres, en leur opposant l'éducation, l'instruction, le travail, et des consolations. Une administration sage et éclairée embrassera toujours ces deux genres de secours.

Des asiles publics doivent être offerts aux pauvres qui ne pourraient recevoir dans leur

domicile qu'un secours inefficace ; mais il ne
faut pas perdre de vue que ceux qui sont forcés
de s'y réfugier n'y reçoivent point les soins et
les services de leur famille, de leurs amis, de
leurs bienfaiteurs habituels ; qu'ils ne tirent
plus aucun parti des dernières ressources de
leur industrie. Cette séparation affaiblit chez
le peuple les idées et la pratique de la bien-
veillance et des devoirs réciproques ; elle diminue la valeur des bienfaits destinés aux
pauvres ; elle en détermine beaucoup à y renoncer, malgré l'extrême besoin qu'ils en ont.

Ces graves inconvéniens seraient prévenus en
grande partie, si les mêmes administrateurs, di-
rigeant à la fois les secours des hospices et ceux
à domicile, multipliaient les derniers dans la
vue de diminuer les premiers, qui sont beaucoup plus coûteux ; s'ils appropriaient et pro-
portionnaient ceux-ci aux besoins des diverses
classes de pauvres, sans les éloigner de leurs
proches et de leurs affaires. N'est-il pas évident, en effet, que, moyennant une faible
pension ou quelques secours en nature, distribués en faveur des vieillards, des infirmes,
des enfans, et de la plupart des malades, on
obligerait leurs familles à remplir envers eux
les devoirs sociaux, principalement ceux im-
posés par l'amour conjugal, par la tendresse
paternelle, par la piété filiale.

Si l'administration des secours publics n'était
point partagée entre deux corps délibérans,
ayant souvent des vues différentes et des intérêts rivaux ; si, comme à Paris, un conseil
général des hospices réunissait à ses attributions l'administration générale des secours à
domicile (1) ; il est probable, qu'avec moins
de fonds, on produirait un soulagement plus
efficace et plus étendu de la classe indigente,
et qu'il deviendrait moins nécessaire d'élever
de vastes et très-dispendieux établissemens
charitables. Mais, puisque l'administration des
secours publics a reçu dans notre pays une organisation différente, bornons nous à indiquer
les améliorations dont elle est susceptible, et
à faire ressortir la grande influence que peut
avoir, sur ses succès, l'assistance des particuliers bienfaisans, protégée et dirigée convenablement.

§. 1er. — *Des secours à domicile.*

Le bureau central de charité, secondé par
six bureaux auxiliaires, administre les secours
à domicile dans Bordeaux. Les plus abondans
de ceux qu'il distribue, ont pour objet la gué-

_____

(1) Rapport sur l'état des hôpitaux, des hospices et des
secours à domicile à Paris, depuis le 1er. Janvier 1804 au
1er. Janvier 1814 ; page 7.

rison des malades , et c'est avec raison que reconnaissant son impuissance pour soulager tous
les maux , il a attaqué de préférence ceux qui
privent les individus valides de la faculté de se
suffire et de soutenir leur famille. Ces secours
sont néanmoins fort médiocres ; mais les aumônes particulières, répandues par MM. les curés
et par les sœurs de la charité, fournissent un supplément nécessaire. Les soupes économiques,
distribuées pendant l'hiver, ne sont un bienfait que pour les pauvres qui n'ont pas l'occasion d'employer plus utilement le temps qu'ils
perdent pour les recevoir ; les autres bienfaits
de la même administration sont très-peu de
chose.

Nous ignorons quels avantages le bureau
central de charité a recueillis de son abonne-
ment, pour le prix des remèdes, et de la
comptabilité à laquelle il a soumis les sœurs
de la charité, quoiqu'elles distribuent beaucoup plus de bienfaits qu'il ne leur en transmet ; mais nous reconnaissons qu'il a pris une
mesure nuisible à ses pauvres, en ôtant à la
plupart des médecins et chirurgiens la faculté
de visiter utilement les malades indigens,
concurremment avec ceux qui en sont spéeia-
ment chargés. Nous ne doutons pas du zèle et
des lumières que ceux-ci apportent dans l'exercice de leurs fonctions charitables ; cependant,

nous croyons qu'il eût été bon de laisser les autres alléger cette tâche très-pénible en faveur des
pauvres qu'ils connaissent ou qu'ils protégent.

Une mesure qui nous paraît devoir être aussi
utile aux pauvres, que juste et honorable pour
les médecins et chirurgiens qui ont été chargés,
pendant un certain temps, de soigner gratuitement les malades indigens, c'est de leur accorder un droit exclusif aux places salariées
des hôpitaux et des administrations publiques.
Cette disposition fera que les places de médecin et de chirurgien des pauvres deviendront
un objet d'ambition pour les sujets les plus
distingués, par leurs talens et par leur zèle
charitable ; elle donnera au bon choix des administrateurs une garantie de plus, en les obligeant à le diriger sur des hommes qui auront
déjà contracté l'habitude d'observer et de traiter
les maux des pauvres, et de reconnaître leurs
causes particulières.

Quelques institutions charitables suppléent
en partie au dénuement du bureau central de
bienfaisance. La maison de la Providence élève
et entretient, depuis l'âge de 8 ans jusqu'à celui
de 18 ou 20, environ quarante jeunes filles,
prises de préférence parmi celles qui se trouvent dans des circonstances dangereuses pour
leurs mœurs. La maison de la Miséricorde est
une retraite ouverte aux filles et aux femmes

qui, après avoir quitté le sentier de la vertu, veulent y rentrer. Les repentantes qui y sont reçues, et qui y restent toujours volontaire-ment, trouvent, dans les soins et les leçons de leurs institutrices, et dans l'habitude d'un travail industriel, les meilleurs préservatifs contre les rechûtes, et des ressources pour leurs besoins futurs. Ces deux institutions, fondées par deux dames de Bordeaux, sont actuellement desservies par des associations religieuses, et soutenues par une réunion de bienfaits particuliers, périodiques ou éven-tuels, mais toujours précaires. Le bien, opéré par ces institutions, est considérable, si on le compare à leurs très-faibles moyens ; il est très-peu de chose, si on le rapproche de celui qui est à faire. Plusieurs autres associations religieuses se sont vouées à l'éducation de la jeunesse indigente des deux sexes, et feraient plus de bien qu'elles n'en opèrent, si beau-coup de pauvres ne négligeaient ce secours, quoique gratuitement offert pour leurs enfans.

La stabilité désirable de ces institutions, n'a, jusqu'à ce jour, d'autre base solide que le dévouement religieux des personnes qui s'y sont consacrées. Cela ne suffit pas ; il leur faut : 1°. L'approbation de leurs réglemens par le gouvernement, et la sanction législative, donnée à leur but et à leur moyens, afin de prévenir les disputes politiques ou religieuses, auxquelles ces établissemens peuvent donner lieu, et d'arrêter les innovations dangereuses, la substitution de vaines théories, aux vues sages et à l'expérience des fondatrices; 2°. La publicité des résultats de leurs opérations, pour que les citoyens connaissent le bien qu'ils ont fait et celui qui n'a pu être opéré à raison de l'insuffisance des moyens. Cette connaissance donnera certainement lieu à de nouveaux actes d'une générosité éclairée ; 3°. Des revenus fonciers et la faculté d'acquérir légalement des immeubles, de recueillir des legs, des donations, des amendes, jusqu'à la concurrence des besoins de la ville de Bordeaux pour des établissemens de ce genre. Quel est le vieillard opulent qui ne fera pas quelque don en faveur de ceux de ses contemporains, dont il apprendra les privations et les infirmités ? Quels sont les jeunes gens bien nés, qui ne retrancheront pas sur leurs jouissances pour contribuer à l'éducation de ceux qui entrent, comme eux, dans la carrière de la vie sociale, mais sous des auspices bien moins favorables ? Quoi de plus convenable que d'adjuger aux établissemens destinés à la formation ou à l'amélioration des mœurs, les amendes encourues pour avoir manqué à la décence et à l'honnêteté ?

La société de charité maternelle répand à
la fois les dons du gouvernement et ceux de
ses concitoyens, sur les pauvres femmes en
couches ou nourrices. Quoique ce soient les
secours les plus efficaces de ceux distribués à
domicile, on ne peut se dissimuler qu'ils ne
sont point proportionnés aux besoins, puisque
les femmes qui n'ont pas trois enfans (1), et
beaucoup de celles qui ont ce nombre ne
peuvent les obtenir à raison de l'insuffisance
des fonds. Cette institution possède quelques-
uns des avantages qui manquent à celles précitées ; mais elle n'est pas encore soutenue
par le dévouement religieux, qui promet à
celles-là une longue durée. Nous devons espérer que cet avantage lui sera procuré par
son auguste et pieuse protectrice, sans porter
atteinte au droit exclusif que doivent avoir les
dames respectables qui la soutiennent, de
porter les secours et les consolations aux infortunées qui sont comme elles, épouses et
mères, et sans priver les familles aisées de
l'heureuse influence qu'aura infailliblement,
sur leurs mœurs, l'activité bienfaisante des
dames distributrices des secours.

_____

(1) Depuis le 1er. Janvier 1816, la pénurie des fonds de
cette société l'a obligée d'exiger cinq enfans, pour accorder
les secours mensuels, et de réduire leur durée à neuf mois
au lieu d'un an.

Les pauvres de Bordeaux trouvent enfin
dans la charité individuelle des particuliers,
une ressource inappréciable, qui s'exerce de
plusieurs manières. Quelques personnes font
à la porte de leurs maisons, des distributions
pécuniaires, auxquelles ne participent que les
mendians de profession; ce qui est un très-
grand désavantage. D'autres, distribuent en
secret leurs aumônes avec plus de discernement, ou elles les déposent dans les mains des
bienfaiteurs habituels des pauvres, disposition
très-sage, parce que la répartition de ces secours ne se fait qu'après une inspection qui
est nécessaire; et cependant, il arrive trop
souvent que les pauvres les plus hardis, les
plus importuns, les moins méritans, sont ceux
qui en recueillent la plus grande part.

La mesure qui nous paraît la plus puissante
pour subvenir à l'insuffisance des fonds destinés par l'autorité aux secours à domicile,
c'est de favoriser l'établissement des sociétés
de prévoyance ou d'assistance mutuelle, parmi
les ouvriers et tous ceux qui vivent de leurs
salaires journaliers. Au moyen d'une légère
rétribution, perçue toutes les semaines ou tous
les mois, ces sociétés forment un capital suffisant pour venir au secours de leurs membres
infirmes ou malades, pourvu que leurs maladies ne soient pas le fruit de la débauche,

des rixes ou de l'intempérance. Il existe beaucoup de ces sociétés à Paris : elles font beaucoup de bien à la classe des ouvriers , non
seulement en secourant les vieillards , les malades , et les plus malheureux d'entr'eux ,
mais aussi en généralisant parmi eux l'esprit
d'ordre, d'économie , et les bonnes mœurs ,
sans lesquels les familles pauvres ne peuvent
jamais prospérer. La société Philantropique
de Paris a eu le bonheur de concourir à la
formation de plusieurs de ces sociétés , et à
l'amélioration du régime de quelques autres.
Il en existe quelques-unes à Bordeaux ; mais
leur organisation très-imparfaite a peu de résultats utiles. Plusieurs individus domiciliés
dans cette ville, demandèrent, il y a quelques
années, l'autorisation nécessaire pour former
des sociétés semblables à celles de Paris, et on
ne leur répondit pas.

Parmi les personnes qui exercent un métier
ou un art industriel, il en est beaucoup, dont
l'activité laborieuse suffit ordinairement pour
alimenter et soutenir leur famille, sans aucun
recours à l'assistance, soit publique soit particulière. Mais les maladies viennent-elles à as-
saillir le chef, la source de la subsistance de
tous est tarie, la famille est forcée d'emprunter, ou de se dépouiller de ses effets usuels
les plus précieux ; la misère arrive avec toutes

ses rigueurs, et ce n'est presque jamais, qu'après ce dépouillement souvent irréparable, que cette famille est admise à la triste ressource des secours publics. On a senti à Paris l'importance de prévenir ces malheurs, et on a eu le bonheur d'y réussir, par l'assistance des sociétés dont nous venons de parler, et par l'établissement des dispensaires, dont *le but est de donner aux malades qui leur sont recommandés par les souscripteurs de la société Philantropique, tous les secours de la médecine, de leur fournir les médicamens nécessaires, et de leur faire les opérations que leur état exige* (1). Cette salutaire institution eut pu être établie à Bordeaux par les soins de la société Philantropique qui y existe; mais l'obscurité dans laquelle celle-ci est demeurée, et la faiblesse de ses moyens ne lui ont point permis de former aucune entreprise.

Bien des personnes ignorent peut-être l'existence de la société Philantropique de Bordeaux, d'autres n'ont point d'idées justes des objets que peut se proposer une institution de ce genre. Pour satisfaire les désirs des uns et des autres, nous allons d'abord leur transcrire l'art. 1er. des bases adoptées par la société Philantropique de Paris, lors de son établissement; il est ainsi

---

Art. 1er. du réglement des dispensaires de Paris.

conçu : *Le but de la société Philantropique n'est pas de distribuer des secours aux individus par elle-même, les comités de bienfaisance remplissant utilement et honorablement ce devoir : Le but de la société est de faire connaître et mettre en pratique tout ce qui peut concourir à soulager les besoins actuels du pauvre, et à lui préparer des ressources pour l'avenir.* Rapprochons de cette disposition le premier article du réglement fondamental de la société Philantropique de Bordeaux, présenté dans le mois de Décembre 1812, au Ministre de l'intérieur, qui ne fit aucune réponse. *La société Philantropique de Bordeaux ne distribue point des secours aux individus par elle-même ; elle s'occupe d'améliorer le sort des indigens, considérés sous des rapports collectifs ; elle tâche de faire connaître et mettre en pratique tout ce qui peut contribuer à soulager leurs besoins actuels, et leur préparer des ressources pour l'avenir ; elle crée, soutient, ou favorise des institutions charitables.* Il vous est facile, Messieurs, de pressentir que beaucoup d'actes réparateurs, beaucoup de résultats importans eussent été produits par la société Philantropique de Bordeaux, si elle eut été favorisée autant qu'elle méritait de l'être ; vous désirez aussi savoir par quels moyens cette utile institution pourrait sortir de son obscurité et avoir une grande

influence sur l'amélioration du sort des pauvres. Nous pensons qu'il ne faut pour cela,
que l'approbation du gouvernement, un regard favorable de l'un de nos bons princes,
une parole de l'illustre précurseur de Louis
LE DÉSIRÉ.

Les affections vermineuses, les maladies cutanées, les scrophules, les cachexies, sont beaucoup plus communes et plus rebelles chez les
enfans des pauvres que parmi ceux des autres
classes. Elles reconnaissent pour causes l'insalubrité des maisons, la malpropreté, le manque
de vêtemens, le froid, l'humidité, l'inaction, les
habitudes vicieuses et la trop fréquente communication de ces enfans entr'eux. Une bonne
éducation préviendra la plupart des effets
pernicieux, dont nous n'avons pas indiqué
ci-dessus les correctifs ou les remèdes.

La proposition de généraliser l'éducation
parmi les enfans des pauvres, ne paraîtra
point chimérique à ceux qui, suivant les événemens avec des yeux observateurs, remar-
queront que depuis la restauration française,
il s'est formé un grand nombre d'associations
religieuses, qui, n'ignorant pas qu'on a généralement reproché aux anciennes corporations
du même genre, leur inutilité et leur oisiveté,
veulent toutes éviter ce reproche, en se livrant
à des œuvres charitables, mais principalement

à l'éducation des enfans des pauvres. Les mé-
thodes d'instruction récemment mises en pratique, en Suisse et en Angleterre, faciliteront
singulièrement ce projet ; et déjà , par les
soins de notre honorable concitoyen qui tient
les rènes de l'administration intérieure de
l'état , ce nouveau mode d'enseignement a été
adopté dans un grand nombre des villes de
la France, et celle de Bordeaux possède deux
écoles de ce genre, qui promettent les plus
heureux résultats.

L'éducation qu'on donne aux enfans des
pauvres est quelquefois mal entendue. Il est
indispensable , sans doute, que tous soient
imbus de préceptes moraux et religieux ; mais
ce qui ne nous le paraît pas, c'est que tous
sachent lire, écrire et chiffrer, et que l'on emploie six ou sept ans pour inculquer ces notions à ceux dont l'esprit borné ne peut les
recevoir qu'avec la plus grande peine, et qui
sont, par conséquent, destinés, par le sort et
par la nature, à être toujours de simples ma-
nouvriers. Une chose que nous regardons
comme bien plus nécessaire, c'est d'accou-
tumer les enfans au travail, que celui-ci soit
proportionné à leur faiblesse et à leur intelligence, et que leurs écoles soient, pendant une
grande partie de la classe, un véritable atelier, régulièrement conduit. On trouvera dans

les œuvres du comte de Rumford, et de quelques autres philantropes, des exemples frappans de succès en ce genre. Il est à désirer que l'hospice de la Manufacture, qui est déjà une école et un atelier de ce genre, soit rendu à sa destination primitive ; il deviendra digne du nom qu'il porte, lorsqu'il sera entièrement consacré à cet emploi, non-seulement en faveur des enfans abandonnés, mais aussi en faveur des orphelins et des enfans légitimes, appartenant à des familles surchargées fort au-delà de leurs moyens.

Les devoirs des maîtres n'auront pas pour limites l'enceinte consacrée à l'enseignement. Ils conduiront leurs élèves aux exercices religieux, après lesquels les jeunes filles rentreront dans la maison paternelle, pour être employées aux soins domestiques, dont elles sont capables ; tandis que les jeunes garçons, surveillés par un de leurs instituteurs, se rendront dans un lieu public, où ils se livreront à des jeux gymnastiques, propres à leur donner la force, l'adresse et l'agilité, dont ils auront besoin un jour, dans l'exercice des professions pénibles qu'ils auront embrassées. Ces exercices en plein air, seront en même temps les meilleurs préservatifs, contre la plupart des maladies qui assiégent l'enfance des pauvres.

Il n'y a point à Bordeaux un nombre suffi-

sant d'écoles gratuites et d'instituteurs pour les
garçons ; mais nous sommes persuadés que la
Congrégation respectable des frères de la Doc-
trine chrétienne, sera augmentée au point convenable aussitôt qu'on voudra efficacement s'en
occuper, peut-être même le nombre de ceux qui
sont établis dans cette ville sera suffisant, s'ils
adoptent la méthode de l'enseignement mu-
tuel, que ses succès rendent si recommandable.
Le nombre des associations religieuses de l'autre sexe, nous paraît déjà suffisant pour remplir la même tâche envers les jeunes filles
indigentes, pourvu que ces associations ne se
relâchent point de leur première ferveur sur
cette partie des obligations qu'elles ont contractées.

Diverses objections seront dirigées contre nos
propositions, principalement contre l'obligation imposée aux parens pauvres, de faire participer leurs enfans aux bienfaits de l'éducation.
A cela, nous répondons que le gouvernement
et les sociétés bienfaisantes, qui répandent
généreusement des secours, ont le droit d'at-
tacher des conditions à leurs concessions gratuites, surtout lorsque ces conditions sont
toutes à l'avantage des individus secourus, et
pour la sûreté publique. D'ailleurs, la liberté
civile et la puissance paternelle ont des bornes
tracées par la justice et par l'intérêt commun.

14

Il ne doit pas être permis à des être stupides ou vicieux, de transmettre à leurs enfans, leur ignorance, leur immoralité, leurs maladies, lorsque des moyens gratuits d'instruction et de santé sont offerts à tous. Les magistrats ne souffriront pas que ces enfans deviennent des foyers très-dangereux de contagion physique ou morale, par l'indolence coupable de leurs parens, ou sous le ridicule prétexte que les remèdes ou les préservatifs connus n'ont pas obtenu leur confiance; pour cet effet, tandis que des inspecteurs vérifieront annuellement les besoins des pauvres, les médecins et chirurgiens visiteront toutes les familles de leur arrondissement, et noteront les individus non vaccinés, et ceux atteints d'une maladie contagieuse. Les parens des uns et des autres seront exclus de l'assistance publique, s'ils refusent les préservatifs ou les traitemens recommandés par l'autorité, sans préjudice des mesures de police plus rigoureuses, relatives aux dangers de la contagion.

Le manque d'occupation a toujours été la cause la plus ordinaire de la misère, des privations cruelles qu'elle entraîne, des maladies produites chez les pauvres par l'épuisement, par le chagrin, par la mauvaise nourriture. Les pauvres adultes, valides et bien portans, seront donc aussi les objets de l'assistance publi-

que, lorsque la saison rigoureuse, ou des circonstances plus fâcheuses encore, viendront supprimer les travaux dans lesquels ils trouvaient
les moyens d'alimenter leurs familles. Il faut
alors leur fournir de l'occupation, afin qu'ils
puissent gagner un salaire; car, dans tous les
temps et dans tous les cas, on doit avoir pour
principe, que les secours gratuits, donnés à des
individus valides, sont un encouragement pour
la mendicité, pour l'oisiveté, et pour tous les
vices qui en sont les suites. Notre digne Ministre
de l'intérieur et nos magistrats, ont bien mérité
de leurs concitoyens, l'hiver dernier, en procurant aux pauvres, cette ressource précieuse,
dans la démolition du Château-Trompette.
Nous devons espérer, qu'après avoir ainsi préparé un grand embellissement pour notre cité,
ils lui assureront un air plus salubre, en faisant exécuter, pendant les hivers qui suivront,
les travaux nécessaires pour l'écoulement des
eaux marécageuses, travaux qu'il serait dangereux d'entreprendre pendant la belle saison.

Les travaux dont nous venons de parler, ne
peuvent être exécutés que par des hommes robustes; mais nous ne pouvons nous dissimuler,
que ceux-ci ne forment qu'une petite portion des
pauvres, dont le plus grand nombre se compose
d'enfans, de femmes, d'estropiés, de valétu-
dinaires, de vieillards, de pauvres honteux,

anxquels il faut des travaux sédentaires, qui exigent moins de force que d'adresse et de patience. Le gouvernement a donc pris une mesure très-salutaire, lorsqu'il a fait construire à Bordeaux une maison de travail, qui, malheureusement, a été déshonorée, dès sa fondation, par le nom aussi odieux qu'impropre, de dépôt de mendicité. Une maison et des ateliers publics ne suffisent pas; il faut aussi des travaux qui puissent être exécutés à domicile. Les magistrats ne pouvant que bien rarement procurer ces genres d'occupation (1), c'est vers la classe estimable des commerçans que nous dirigeons nos espérances et nos invitations, pour qu'ils créent, en faveur des pauvres, quelques genres d'industrie qui puissent être naturalisés parmi nous, et le débit, tant intérieur qu'extérieur, qui donne aux produits de cette industrie une valeur suffisante pour alimenter les familles qu'elle occupera.

Quoique les diverses institutions charitables doivent être indépendantes les unes des autres, et jouir d'une grande latitude dans leurs décisions administratives, il est possible que des règles communes à toutes, soient imposées par

---

(1) Des travaux de filature sont régulièrement fournis aux pauvres de Paris, par le conseil-général des hospices. Rapport cité, page 364.

le gouvernement; l'exécution de ces règles, et celle des réglemens particuliers, auront besoin d'être assurées par une surveillance et une protection officielles : la répartition des bienfaits devra être connue dans un point central, d'où puissent partir des avis utiles pour la rectification des erreurs ; la publicité nécessaire des opérations charitables paraît également devoir partir d'un point central, pour offrir les caractères de simplicité, de vérité et d'économie qui lui conviennent. Nous pensons, d'après ces considérations, que c'est aux administrateurs des secours publics qu'il appartient d'être les conservateurs des réglemens généraux et particuliers, les organes de toutes les institutions charitables, auprès de leurs concitoyens. Pour cet effet, ils exerceront sur elle une surveillance continuelle, sans entraver leurs opérations, qu'ils n'ont pas le droit de diriger. Ils recevront chaque année un rapport succinct de tous les résultats obtenus par chaque établissement ou institution; ils joindront le résumé de tous ces rapports au compte qu'ils rendront eux-mêmes de leurs efforts en faveur des pauvres ; ils feront connaître au public l'emploi des fonds ; quels succès ont été obtenus ; quels moyens de secours ont manqué ; quels sont les besoins les plus urgens ; quelles institutions ont besoin

d'être créées, favorisées, étendues, pour compléter le soulagement des pauvres.

Nous ne cesserons aussi d'espérer, non-seulement que ces administrateurs recevront des
fonds suffisans pour les besoins de leurs pauvres, mais que le gouvernement leur accor-
dera, comme au conseil-général des hospices
de Paris, la faculté d'aider, par un don an-
nuel, les institutions charitables particulières,
à qui ce secours sera indispensable pour remplir leur tâche (1), et pour diminuer le nombre
des malheureux obligés de se réfugier dans les
hospices.

§. 2. — *Des secours dans les Hospices.*

Quelque satisfaisans que puissent devenir
les secours à domicile, il faudra des hospices
pour les malades, pour les infirmes, pour les
vieillards, pour les enfans, pour tous les individus qui sont sans famille et dont les maux
exigent des soins et des secours supérieurs, à
ceux qu'ils peuvent recevoir de leurs proches
ou de leurs amis, dans leur domicile. Pour être
salubres, ces édifices doivent être spacieux,
bien distribués, bien entretenus, et exposés
aux vents dominans, de sorte que ceux-ci arri-

(1) Rapport cité, page 367, et Tableau N°. VIII.

vant directement et sans obstacle sur leur
principale façade, entrent facilement par
toutes les ouvertures, et renouvellent l'air intérieur en le chassant par les ouvertures opposées. L'opinion que vous avez publiée, Messieurs, au mois de Mars 1810, *sur l'étendue et
le placement des divers hospices de cette ville*,
nous dispensera de traiter dans ce rapport, la
plupart des importantes questions qui se ratta-
chent à cette matière. On y verra développés les
motifs qui vous ont déterminés ; 1°. A adopter
le nombre de mille lits, proposé pour le grand
hôpital des malades, en y comprenant ceux
destinés à recevoir des maladies actuellement
exclues de l'hôpital St.-André ; 2°. A rejeter le
projet d'un hôpital de convalescens ; 3°. A dési-
gner la maison de Force, comme très-propre
au traitement des maladies vénériennes, but
primitif de sa fondation par les maire et jurats ;
4°. A désirer la suppression de l'hospice actuel
de la Maternité, et son établissement dans la
caserne de Notre-Dame, en y réunissant le dépôt
des enfans naissans abandonnés, l'enseignement
théorique et pratique de l'art des accouche-
mens, les élèves accoucheuses des campagnes
et des départemens voisins, le dépôt du vaccin
et le siége principal des vaccinations ; 5°. A reconnaître l'insuffisance des asiles ouverts aux
vieillards, aux infirmes, aux incurables ; 6°. A

proposer de distraire des attributions de l'hôpital de la Manufacture, le dépôt des enfans
nouveaux nés, pour consacrer cet hôpital tout
entier à l'éducation des enfans indigens, sans
exclure ceux dont les parens sont connus.

Les hôpitaux sont la seule partie des secours
publics que les concurrens ont cru devoir
traiter dans les ouvrages qu'ils ont adressés à
la société de médecine.

L'auteur du Mémoire de 1811, s'est fondé
sur les faits consignés dans les rapports lus au
conseil municipal, en 1810, pour placer le
grand hôpital des malades dans la caserne St.-
Raphaël et le jardin contigu ; c'est la seule dif-
férence qu'il y a entre ses conclusions et celles
de ces rapports ; car, pour tout ce qui regarde
les autres hospices, il déclare s'en rapporter aux vues adoptées par le conseil municipal. Cet auteur démontre la possibilité
d'amener dans le lieu susdit, l'Eaubourde,
petite rivière fournissant de très-bonne eau,
qui est suffisamment élevée, si on la prend à
Gradignan.

L'auteur du Mémoire N°. 1, reconnaissant
combien la construction de l'hôpital St.-André
est vicieuse, et combien sa situation est incon-
venante, partage l'avis de l'auteur précédent,
et place à St.-Raphaël le grand hôpital des
malades.

L'auteur du Mémoire N°. 2, écartant les projets *sortis, dit-il, de plusieurs têtes un peu exaltées*, émet le simple vœu que l'hôpital St.-André, *réputé depuis plusieurs siècles pour sa commodité et sa salubrité, soit agrandi et disposé à recevoir un plus grand nombre de malades.* Cet avis est aussi celui de l'auteur du Mémoire N°. 4, qui regarde comme inutile toute discussion sur ce sujet, attendu que l'exposé fait au conseil municipal, en 1810, l'a convaincu de l'extrême salubrité de l'hôpital St.-André, et que le nombre de six cents lits est suffisant. Une chose digne de remarque, c'est que ces deux auteurs ne concluent qu'à l'agrandissement de l'hôpital St.-André, et paraissent ne s'être pas aperçus que le rapporteur du conseil municipal a conclu à l'entière reconstruction de cet hôpital, dans le lieu qu'il occupe actuellement.

Le Mémoire N°. 3, est le seul dans lequel on trouve une discussion approfondie de cette matière. L'auteur y examine successivement les questions suivantes : 1°. *Quel est l'état actuel de l'hôpital St.-André ? 2°. Réunit-il toutes les conditions d'un hôpital salubre ? 3°. Pourrait-on, à l'aide de quelques changemens, de quelques modifications, l'assainir entièrement ? 4°. Dans la supposition où peu d'avantages résulteraient de ces changemens, en quel lieu conviendrait-il d'élever un hôpital général ? 5°. Quelles seraient l'étendue et les dispositions principales de ce nouvel établissement?*

Cet auteur énumère les avantages que possède l'hôpital St.-André, et rapproche les inconvéniens qui résultent de sa mauvaise situation, de son peu d'étendue, de sa construction vicieuse, de sa distribution mal entendue. Il rapporte, d'après l'observation, que les maladies contagieuses, les fièvres adynamiques et ataxiques, la pourriture d'hôpital ou gangrène humide, s'y propagent facilement et y multiplient les victimes, ce qui infirme suivant lui, l'opinion qui *le place au premier rang des hôpitaux de France les plus favorisés* (1). Dans les agrandissemens et les changemens proposés, il ne trouve aucun moyen de remédier aux vices de sa situation, aucun motif qui puisse le déterminer à voter pour sa conservation dans le lieu qu'il occupe.

Les divers lieux proposés pour la construction d'un hôpital général sont ensuite examinés par cet auteur. Il fait ressortir les avantages et les inconvéniens de l'hôpital de la Manufacture, de la caserne de Notre-Dame, de celle de St.-Raphaël, de la Chartreuse, et il leur

(1) Expressions consignées dans le Rapport fait au conseil municipal, en 1810.

préfère l'espace compris entre le chemin du Tondut et la rive droite du Peugue. Il expose rapidement quelle étendue et quelle exposition il faut donner à un hôpital de mille lits, qui doit recevoir toutes les maladies, (la siphilis exceptée) et les convalescens. Il indique beaucoup de mesures et de précautions utiles, et il fait sentir la nécessité d'établir aux extrémités nord et sud de la ville, deux dépôts provisoires pour recevoir momentanément les malades les plus éloignés, les individus qui auraient éprouvé quelque accident, et pour y donner des secours aux noyés. Il veut aussi qu'il y ait un hospice particulier pour les enfans malades (1), et qu'il soit le siège principal des vaccinations.

La divergence des opinions, sur des questions qui paraissaient devoir être résolues à l'unanimité, nous a engagés à examiner de nouveau deux questions principales, sur lesquelles vous vous étiez décidés, Messieurs, au mois de Mars 1810 ; et après nous être convaincus une seconde fois de la justesse de vos conclusions, nous allons joindre quelques motifs de plus à

---

(1) Ce grand bienfait a été réalisé à Paris, en 1802, parce que l'on a senti combien il était nécessaire *sous le rapport de l'art, sous celui des mœurs et de la santé des enfans.* Rapport cité, page 56.

ceux consignés dans le rapport qui vous fut
fait à cette époque.

Il vous a paru nécessaire de rassembler mille
lits dans le grand hôpital des malades pour
plusieurs motifs : 1°. Les 321 lits (1) que contient l'hôpital St.-André sont insuffisans, même
en y plaçant les malades deux à deux, puisque, dans la saison des fièvres intermittentes,
on est obligé de recourir à l'interposition d'un
nombre illimité de couchettes, ou même de
simples matelas ; 2°. Parce que beaucoup de
malades s'excluant eux-mêmes, pour ne pas
courir le risque de contracter une maladie
autre que celle dont ils sont atteints, le nouvel
hôpital recevra beaucoup plus de malades,
parce qu'ils y seront couchés seuls ; 3°. Nous
n'avons pas calculé les besoins de la ville de
Bordeaux d'après sa population pendant la révolution, mais d'après celle qu'elle avait auparavant ; le retour de l'ordre et de la paix
permettant d'espérer que sa prospérité antérieure reviendra, et même qu'elle sera portée
à un plus haut point, lorsque ses relations

---

(1) Et non pas seulement 285, comme il est dit dans le
Rapport fait au conseil municipal. Dans ce nombre de 321,
ne sont pas compris les lits du dortoir et de l'infirmerie des
sœurs de la charité, ceux du dortoir des servantes, ceux
des chirurgiens et des aumôniers.

commerciales auront acquis de l'extension ;
4°. En attendant ces résultats heureux, qu'une
administration sage doit prévoir et amener,
des salles particulières seront consacrées à
recevoir des vieillards, des infirmes, des individus trop souvent qualifiés incurables, des
enfans malades qui ne peuvent être reçus dans
les établissemens insuffisans qui existent; 5°. Sur
le nombre des salles établies dans cet hôpital, il
faut toujours en laisser une ou deux vacantes,
pour les soumettre aux purifications gazeuses,
qui ne peuvent être pratiquées convenablement que lorsque les salles sont évacuées et
bien fermées; 6°. Nous n'avons point assigné
des hospices particuliers pour le traitement de
la teigne, de la gale, des maladies chroniques,
parce que la séparation de ces maladies peut
très-bien être faite dans un seul et même hôpital, et parce qu'il n'y a point de justes motifs
de disséminer dans d'autres établissemens les
individus qui sont atteints de ces maladies.

En second lieu, un autre vœu contradic-
toire au vôtre, a été émis par une assemblée
respectable, sur le placement du grand hôpital
des malades ; et ce vœu déterminé par un rapport inexact, pourrait amener une décision
nuisible aux pauvres et à la ville de Bordeaux.
Nous sommes donc bien persuadés que nous
entrons dans les vues des représentans de cette

commune en combattant une opinion honorée
de leur assentiment, mais qui ne peut atteindre
leur but.

En effet, Messieurs, il est évident pour votre
commission, et personne ne peut contester,
que, si *malgré les vices nombreux de sa cons-*
truction, la mauvaise disposition, le rapproche-
ment et le peu d'élévation de ses salles, le peu
d'espace laissé entre les lits, l'entassement des
malades couchés la plupart deux à deux, le
défaut de promenoirs, l'hôpital St.-André est
cependant au premier rang des hôpitaux les plus
favorables à la guérison des maladies, dans la
comparaison faite de la mortalité dans les éta-
blissemens de ce genre en France (1), il est évident, disons-nous, que ce même hôpital offri-
rait des résultats bien plus heureux encore, si
tous les vices rapportés ci-dessus, et d'autres
passés sous silence, venaient à disparaître dans
une nouvelle et entière reconstruction.

Pour que cette reconstruction présente tous
les avantages désirés, il est indispensable
qu'elle soit faite dans un lieu bien situé, et
convenablement exposé; or, le local de l'hôpital St.-André ne réunira jamais ces deux
conditions; et malgré les raisonnemens illu-

_____

(1) Expressions du Rapport, fait au conseil municipal;
page 75.

soires , par lesquels on a voulu prouver qu'il
était très-favorable au renouvellement de l'air,
il n'en est pas moins constant que cet hôpital
est placé dans le centre de la ville , et dans
un de ses quartiers les plus bas ; qu'isolé, sur
trois de ses côtés, par des rues très-étroites,
il est entouré, de toutes parts, de maisons
très-élevées, qui s'opposent à ce qu'il reçoive
directement le souffle purificateur des vents ;
que le plus puissant de ces vents, celui de
l'ouest, ne fait qu'effleurer sa façade principale, en suivant la direction de la rue des
Trois-Conils, qui lui est parallèle, disposition
qui ne lui permet d'agir que très-faiblement
sur l'air intérieur, dont le renouvellement est
encore contrarié par les antiques toitures de
cet hôpital, qui s'élèvent perpendiculairement
à une très-grande hauteur. Nous sommes donc
forcés de porter une conclusion diamétralement contraire à celle du rapport précité, et
de déclarer que la situation de cet hôpital ne
permet pas que l'air intérieur y soit fréquemment et facilement renouvelé.

Sa position, sur le ruisseau de la Devèze,
ne lui est pas plus favorable, parce que cet
égout, retréci et obstrué en divers endroits,
contribue souvent à y vicier l'air, attendu que
dans les saisons humides, il ne contient qu'une
eau bourbeuse et infecte, et que dans les

temps secs, il ne contient point d'eau, mais
les immondices de la plus grande partie de
l'hôpital et des maisons riveraines. Ainsi, dans
le cas que le cours de ce ruisseau-égout vînt à
déterminer un courant d'air souterrain, ce
courant, chargé d'émanations infectes et putrides, s'échappant par ses diverses issues,
corromprait bien certainement l'air, au lieu de
contribuer à la salubrité de l'hôpital, comme
il est dit dans le rapport précité (1).

Quant à l'avantage qu'a l'hôpital St.-André,
de posséder un filet de la bonne eau d'Arlac,
cet avantage peut être facilement procuré sur
un terrain plus convenablement situé, et l'on
aurait dû faire remarquer, dans le rapport susdit, que la grande consommation qui se fait
de cette eau pour tous les lavages dans cet hôpital, mais surtout pour le blanchissage de
tout le linge, prive une grande quantité des
habitans de Bordeaux d'employer cette excel-
lente eau pour leur boisson; ce qui est à nos
yeux un grave inconvénient.

Il est donc de notre devoir, Messieurs, de
ne pas nous diriger d'après des calculs économiques, dont tout l'avantage, en les supposant exacts, serait d'épargner un peu d'argent
en laissant échapper l'occasion de sauver beau-

_____

(1) Page 75.

coup d'hommes. Guidés par ce principe, et
après avoir pesé de nouveau les motifs qui
vous déterminèrent, en l'année 1810, à dési-
gner le local qui vous parut le plus propre
pour le placement du grand hôpital des malades, nous devons confirmer le vœu que vous
émîtes alors, soit en faveur de la Chartreuse,
si le cimetière général venait à en être éloigné,
soit pour la rive méridionale du Peugue, à la
jonction des deux longues avenues qui s'étendent jusques aux extrémités nord et sud de la
ville. Ce dernier local avait été désigné, il y a
long-temps, par un habile architecte, nommé
Lartigue, qui publia son Mémoire en 1778. Son
avis fut goûté par MM. de Lussan et de Rohan,
archevêques de Bordeaux, qui avaient déjà reconnu la nécessité de donner à cette ville un
hôpital plus étendu, mieux situé et plus salubre
que celui de St.-André.

En proposant une seconde fois ce local pour
y placer le grand hôpital des malades, nous
n'oublions pas la condition indispensable et
préliminaire que vous y avez jointe, l'assainissement complet et durable du marais voisin.
Si cette salutaire entreprise devait encore être
ajournée ou exécutée d'une manière incomplète, nous nous rangerions à l'avis de la commission médicale, qui fut consultée à la même
époque par les administrateurs des hospices,

nous préférerions à tous les locaux précédemment indiqués, la caserne St.-Raphaël, y
compris le grand jardin attenant, parce que
l'on peut, dans ce local, mieux que dans tous
les autres, donner à l'édifice l'isolement nécessaire, une bonne exposition, l'étendue suffisante, toutes les distributions convenables
au service et à la salubrité, et lui procurer des
eaux potables et usuelles.

Nous ne présumions pas, Messieurs, que
nous dussions avoir à examiner d'autre opinion que les précédentes, sur le placement du
grand hôpital des malades, lorsqu'une nouvelle proposition a été faite, et a déterminé
M. le maire de Bordeaux à vous demander s'il
conviendrait de consacrer à ce service la maison connue sous le nom de *Dépôt de mendicité.*
Une commission, prise dans votre sein, a vi-
sité cet édifice, elle a reconnu qu'il possédait
plusieurs avantages, mais elle n'a pu se dissimuler ses vices et ses défectuosités; et quoiqu'elle ait proposé plusieurs moyens d'y remédier, elle n'a pu se dispenser de déclarer
que cette maison était impropre à la destination proposée, parce qu'elle a fait, ainsi que
nous, les observations suivantes :

1°. Le rez-de-chaussée n'ayant point été élevé
au-dessus du sol, celui-ci n'ayant pas reçu une
inclinaison suffisante, des caves n'ayant été

pratiquées que sous le corps de logis de la
façade, tous les bâtimens sont excessivement
humides et déjà altérés par cette cause; des
eaux fétides croupissent dans les rigoles des
cours; et plusieurs de celles-ci sont couvertes
d'une herbe touffue.

2°. Les salles ont des fenêtres trop petites et
trop rares; elles sont trop basses, surtout pour
les individus atteints de maladies aiguës : cependant, celles qui ont environ treize pieds de
hauteur pourraient recevoir les pauvres atta-
qués de maladies chroniques, qui transpirent
peu, qui ne restent pas constamment dans
leur lit, ni dans leur chambre. Il faudrait, à
la vérité, y espacer suffisamment les lits, pour
que chaque individu eût onze à douze mètres
cubes d'air à respirer; mais on ne pourrait
préserver les salles du premier étage de l'inconvénient de recevoir les exhalaisons dangereuses des malades logés dans les salles inférieures. Quant aux salles qui n'ont que dix à
onze pieds d'élévation, et dont plusieurs ne
sont ouvertes que sur un de leurs côtés, on
ne peut avec sûreté y placer des malades.

3°. Les eaux de puits y sont abondantes, mais
d'une saveur fade et désagréable; elles contiennent une assez grande quantité de sels terreux,
et sont impropres à la boisson, à la préparation
des alimens et des médicamens. On pourrait

les employer aux usages secondaires, et les faire servir d'eaux de chasse; mais il n'y existe point un égout propre à entraîner à la rivière les immondices de toute espèce.

4°. Les malades ont, en général, besoin d'un air très-pur et vivifiant; ils ne trouveront dans cette maison ce principal moyen de leur rétablissement que lorsqu'on aura remédié à l'humidité locale, et lorsqu'on aura desséché les surfaces marécageuses que l'on trouve au nord, dans les fossés du fort Louis, et au sud est, dans la partie voisine de la commune de Bègles.

5°. *Le Dépôt de mendicité*, situé à l'extrémité méridionale de la ville, c'est-à-dire, à plus de 7000 mètres de distance de l'extrémité opposée, deviendrait inutile pour beaucoup de malades indigens, et présenterait de graves inconvéniens pour le transport des autres.

6°. Cette maison serait insuffisante, quand bien même toutes les salles seraient propres à recevoir des malades; par conséquent, si la pénurie des finances municipales ne permet pas de s'occuper incessamment de la construction d'un grand hôpital, si elle force l'administration à établir provisoirement une succursale de l'hôpital St.-André, nous pensons que la caserne St.-Raphaël mérite d'être pré-

férée pour cette destination, parce qu'elle est
située à peu près dans le centre des quartiers
habités par la population indigente ; parce
qu'on y trouve de grandes et belles salles pourvues de fenêtres larges et élevées ; parce qu'il
est facile de s'y procurer les eaux nécessaires
pour tous les besoins d'un établissement très-
populeux.

En bornant ici nos réflexions, sur l'importante matière des secours publics, nous re-
commandons aux méditations de tous ceux qui
s'en occupent, l'intéressant *rapport* que nous
avons eu l'occasion de citer plusieurs fois ,
sur l'état des hôpitaux , *des hospices et des*
secours à domicile , *à Paris* , *depuis le* 1er.
Janvier 1804 , *jusqu'au* 1er *Janvier* 1814. Ils
y verront , avec une satisfaction bien douce ,
sous combien de formes ingénieuses se re-
produit, dans toutes les circonstances de la
vie, l'esprit de charité, sans cesse occupé de
rechercher les causes et les effets du malheur,
pour les prévenir ou les soulager. Quoique
nous soyions très-éloignés de juger que les provinces doivent prendre rigoureusement pour
modèle tout ce qui se fait en ce genre dans
la capitale, cependant, nous désirons bien vi-
vement qu'à Bordeaux, comme à Paris, *chaque*
infirmité, *chaque besoin*, *chaque époque de la*
vie , *ait des établissemens qui lui soient desti-*

nés (1), et que les administrateurs profitent du penchant naturel de nos concitoyens, vers la bienfaisance, pour créer ou étendre les institutions secourables nécessaires pour l'amélioration physique et morale de nos pauvres.

CHAPITRE XII.

Du Lazaret.

Les relations commerciales de la ville de Bordeaux pouvant s'étendre à l'avenir sur toutes les contrées du globe, il est à craindre qu'avec les richesses de tous les climats, les navigateurs lui apportent des maladies contagieuses. Ces maladies sont chroniques ou aiguës. Quoique les premières méritent qu'on prenne contre elles des mesures efficaces, aussitôt qu'elles se manifesteront, cependant, leur propagation ne nous menaçant pas actuellement d'un danger urgent, nous ne nous en occuperons pas, pour fixer toute notre attention sur les moyens de nous préserver des maladies contagieuses aiguës, qui sont bien plus funestes, et dont les principales sont la peste et la fièvre jaune. La dévastation que la peste

(1) Rapport cité, page 7.

produit chaque année dans les échelles du Levant, et celle qu'a causée la fièvre jaune dans les deux mondes, sont des leçons terribles qui ne doivent jamais être oubliées par les villes maritimes.

Dans les bâtimens qui arrivent d'un port où règne une épidémie pestilentielle, l'on a à craindre plusieurs genres d'infection : 1°. Celle des personnes ; 2°. Celle de leurs vêtemens ; 3°. Celle de certaines marchandises, telles que la laine, le coton, la soie, les étoffes, les pelleteries, etc. ; 4°. Celle du bâtiment. Des mesures variées doivent être prises pour anéantir les germes contagieux dans ces principales sources d'infection.

1°. Avant de permettre aux arrivans, de communiquer avec qui que ce soit, ils doivent changer de vêtemens, se baigner plusieurs fois, et avoir joui d'une parfaite santé pendant un certain temps après leur arrivée. Si l'un d'eux vient à tomber malade, on constatera rigoureusement si la maladie est du même genre que celle redoutée. Dans le cas de l'affirmative, la quarantaine la plus longue doit recommencer pour tout l'équipage après la terminaison de cette maladie. La plus longue quarantaine observée à Marseille est de trente et un jours.

2°. Indépendamment des lavages, par lesquels doivent passer tous les vêtemens sans

exception , ils doivent être soumis à l'action
des vapeurs acides muriatiques , dont l'efficacité contre les miasmes septiques est bien
connue. Nous invitons tous ceux qui pourront
à l'avenir avoir le malheur de se trouver dans
le foyer de la fièvre jaune , à essayer ce moyen
dans toutes les applications dont il est susceptible. Il serait fort heureux de voir confirmer
les observations consignées dans le rapport fait
par MM. les professeurs de Montpellier, Berthe,
Broussonet et Lafabrie , que le gouvernement
envoya, il y a quelques années, en Espagne ,
pour reconnaître l'épidémie qui ravageait l'Andalousie , et indiquer des secours à ses habitans. Ces observations paraissent prouver que
les vapeurs déjà mentionnées, ont complétę-
ment désinfecté des vêtemens , dans lesquels
étaient morts des individus atteints de la fièvre
jaune.

3°. Pour purifier les marchandises et autres
objets, il suffit de prendre des précautions
moins embarrassantes et moins rigoureuses.
On les expose au grand air, sous des hangards,
on les ventile plusieurs fois; on passe par l'eau
ou par le vinaigre les lettres et les autres objets
d'un petit volume, et qui peuvent sans inconvénient supporter cette action. L'expérience
a prouvé que ces objets sont parfaitement
désinfectés par l'évaporation, par l'air, par

l'eau, par le froid, et par un certain laps de temps.

4°. Dans tous les lieux habités, et à plus forte raison dans les espaces très-resserrés qui sont réservés dans les vaisseaux pour le logement de l'équipage et des passagers, les parois, les ustensiles, tous les objets usuels sont imprégnés de miasmes humains, qui vicient l'air et le rendent impropre à la respiration. Cet air et le contact de tous ces objets, sont suspects dans les vaisseaux arrivant d'un pays infecté; il faut donc les purifier, et c'est encore aux lavages et aux fumigations qu'il faut recourir, pour leur rendre la salubrité qu'ils ont perdue.

En faisant cet exposé rapide des opérations auxquelles il convient de soumettre les hommes et les objets que l'on doit soupçonner d'apporter un virus dangereux, très-actif, nous n'avons pas prétendu tracer le tableau complet des mesures et des précautions qu'il faut prendre pour s'en préserver; nous avons seulement voulu mettre nos lecteurs à portée de juger que ces opérations ne peuvent être exécutées à bord des vaisseaux, et pendant que l'équipage y est retenu; le tillac et l'entrepont, souvent encombrés, n'y offrent jamais un espace suffisant, et les fumigations nécessaires rendant l'air irrespirable, ne permettent à personne de

rester dans les lieux où on les dégage. On ne
peut donc se dispenser de former à terre un
établissement bien situé, assez spacieux et
convenablement distribué, pour y loger les
équipages, les marchandises, et pratiquer
toutes les purifications que les circonstances
exigent.

Pour garantir notre cité du danger d'y voir
importer la fièvre jaune, si fréquente dans
l'Amérique, il n'est donc pas suffisant de retenir les vaisseaux suspects dans la rade de
Pauillac, ou près de l'île de Patiras, de les y
condamner à une séquestration temporaire,
et d'interdire toute communication extérieure
aux personnes qui sont à bord. Quelle que soit
la sévérité des prohibitions et des peines atta-
chées à leur infraction ; malgré le danger
dont les infracteurs seront menacés, par les
canons d'un ou de plusieurs bâtimens de guerre
stationnés en surveillance, la séquestration
et l'interdiction pourront être facilement vio-
lées, par des hommes impatiens ou intéressés, s'ils ne sont constamment entourés
d'une force majeure qui empêche leur déso-
béissance, et s'ils ne sont privés de tout moyen
d'évasion.

Tels sont les motifs sur lesquels est fondée la
nécessité d'établir un Lazaret. Trois des auteurs
concurrens en ont émis le vœu ; l'auteur du

Mémoire N°. 4, n'entre dans aucun détail à ce sujet; celui du Mémoire N°. 2, désire qu'on le place sur la rive gauche de la Gironde et près de son embouchure : nous pensons avec l'auteur du Mémoire N°. 3, et avec l'un de nos prédécesseurs les plus distingués, M. Doazan, médecin de cette ville (1), qu'il est préférable de l'établir dans l'île de Patiras. On peut choisir un local, parfaitement isolé, bien situé, exposé à tous les vents, dans cette île qui est convenablement éloignée des deux rives de la Gironde; il sera facile d'y établir les logemens et les magasins nécessaires ; le voisinage du bourg de Pauillac, lui assurera toutes sortes d'approvisionnemens ; les autorités civile et maritime, qui résident dans ce port, seront à portée de maintenir l'exécution des réglemens sanitaires, et l'interdiction rigoureuse de toutes les communications.

En proposant cet établissement, nous n'avons point perdu de vue que le commerce a des droits à la protection publique, que l'on ne doit point lui imposer des sacrifices inutiles, ni retarder ses opérations, ni retenir, sans nécessité, dans une inaction prolongée, ses agens les plus actifs ; nous savons que ce retard et cette inaction peuvent avoir des conséquences

(1) Mémoires de la société royale de médecine, tome 10.

très-préjudiciables, même ruineuses, pour ceux qui en sont l'objet , qu'elles peuvent même nuire au commerce de la ville. Ces considérations sont d'un grand intérêt, sans doute, et nous ne voyons que le salut public qui puisse être mis au-dessus d'elles ; mais c'est réellement ce salut qu'il s'agit d'obtenir, lorsqu'un pays est menacé d'être la proie de la peste ou de la fièvre jaune : nous avons encore présent à notre imagination épouvantée les ravages que cette dernière maladie produisit, il y a peu d'années, en se propageant de Cadix dans toute l'Andalousie , puis dans les provinces et les ports espagnols situés sur la Méditerranée. Il est impossible de calculer au juste les pertes d'hommes et les dépenses extraordinaires qu'entraîna ce fléau dans les contrées qu'il désola ; ainsi, sous le rapport de l'économie, non moins que par intérêt pour l'humanité, il est utile de prendre la mesure importante que nous proposons. Elle contribuera d'ailleurs aux progrès de notre commerce, en donnant aux marins étrangers , qui fréquentent notre port, la plus grande assurance de n'être atteints par aucune maladie contagieuse.

Nous ne nous sommes pas non plus dissimulés , qu'il s'écoulera des intervalles considérables , pendant lesquels nos concitoyens n'auront à redouter l'importation d'aucune épidémie étrangère. Dans ce cas, qui, nous l'espérons, sera le plus ordinaire, les bâtimens du Lazaret ne seront pas sans utilité, ils pourront servir d'hôpital et de lieu de convalescence pour les navigateurs ; ses magasins pourront être mis temporairement à la disposition des particuliers ou des administrateurs.

RÉSUMÉ.

Nous venons, Messieurs, de vous présenter le tableau des améliorations qui sont nécessaires à la ville de Bordeaux, pour détourner les atteintes auxquelles est sujette la santé de ses citoyens, pour diminuer le nombre de leurs maladies, pour rendre plus faciles et plus durables leurs convalescences et leurs guérisons.

Vous avez vu d'abord que le sol de Bordeaux ne fournit par lui-même aucune cause d'insalubrité, et que celles qu'on y rencontre ne sont dues qu'à des accidens que les efforts de l'homme peuvent faire disparaître.

Nous croyons vous avoir démontré, que s'il n'est pas possible de prévenir l'excès de l'humidité atmosphérique, causée par les pluies fréquentes et par les vapeurs aqueuses que les vents apportent de la surface de la Garonne, de celle des Landes et de l'Océan, du moins on peut modérer leurs effets nuisibles, en adoptant des dispositions convenables dans la voie publique, dans les masses des édifices, dans l'intérieur des habitations, et que l'on peut aussi remédier aux effets de la chaleur et de la sécheresse excessives pendant l'été, par quelques autres mesures et par des réglemens.

En rappelant combien furent meurtriers les marais qui environnent Bordeaux, nous avons fait apercevoir leur décroissement lent et progressif, la possibilité de les dessécher en peu de temps, de les utiliser, et les moyens de rendre leur disparition plus durable qu'elle ne pût l'être d'après les travaux entrepris au seizième siècle.

Les égouts, les tueries, divers ateliers, les marchés, toutes les immondices déposées sur la voie publique, les cimetières et la voirie, sont autant de foyers d'infection putride, qui menacent sans cesse les habitans des plus graves maladies. Ne pouvant supprimer ces objets inséparables d'une grande population, nous avons éloigné, autant que possible, certains d'entr'eux, du centre des habitations ; nous avons réuni contre les autres toutes les précautions commandées par la prudence, toutes les ressources fournies par la physique, par l'hydraulique et par l'architecture.

L'altération de l'air par les causes précitées, et l'absorption de sa portion respirable dans un grand nombre d'opérations naturelles ou industrielles, amènent la nécessité de reproduire l'oxygène et de renouveler sans cesse l'air atmosphérique. Ces grands bienfaits seront les fruits des plantations et des promenades publiques que nous avons proposées ; du re-

dressement et de l'ouverture d'un grand nom=
bre de rues ; des facilités données aux vents,
pour pénétrer librement dans tous les quartiers
et dans toutes les parties des maisons et des
autres édifices.

Pour que notre vie soit complète et forte, il
faut que tous nos organes reçoivent habituellement le degré d'action voulu par la nature.
Nous avons dû chercher, dans la gymnastique, le contre-poison de l'oisiveté, de la contention d'esprit, des habitudes et des occupations sédentaires. Les divers exercices corporels
dont nous avons conseillé la pratique, rendront les hommes plus robustes, plus adroits,
plus agiles et mieux portans ; ils éloigneront
les dispositions mélancoliques, rameneront la
gaîté, et donneront un nouvel éclat aux fêtes
publiques.

L'eau destinée à étancher notre soif et à devenir la base de nos humeurs, doit être de la
meilleure qualité possible, pour ne point
porter dans nos organes des germes d'altération
morbifique. Nous avons averti que beaucoup
d'eaux insalubres, fournies par notre sol, étaient
employées en boisson ; que nos meilleures
sources d'autrefois avaient subi des détériora-
tions inévitables, et qu'il fallait aller chercher
hors de l'enceinte de la cité, les eaux propres
à la boisson de ses habitans. Nous avons fait

sentir aussi combien il est important et facile
de se procurer en abondance les eaux indispensables, non-seulement pour les opérations
des arts, mais surtout pour les moyens d'entretenir la propreté des personnes, des vêtemens, d'une infinité d'objets, et de tous les
lieux, soit publics, soit particuliers.

Une multitude d'abus s'oppose à ce que la
médecine atteigne le but de son institution ; ils
empêchent que les citoyens soient préserves
ou guéris aussi souvent qu'ils peuvent l'être.
Nous avons indiqué les moyens de ne confier
la santé des hommes qu'à des sujets capables
et probes, d'obvier au danger de voir les citoyens habituellement séduits ou trompés, et
d'assurer aux véritables conservateurs de l'espèce humaine, la confiance et la considération
dont ils sont dignes.

L'adversité déploie ses rigueurs, accumule
ses victimes, dans les prisons, dans les hôpitaux, dans les chétives et malsaines habitations
des indigens ; vous nous avez suivis, Messieurs,
dans ces tristes asiles de la douleur ; vous y
avez observé avec nous, que l'homme en proie
à tous les besoins, et ne pouvant les satisfaire,
s'y dégrade au physique et au moral ; qu'il
perd la santé de l'ame et celle du corps ; qu'il
subit la mort civile, et qu'il est atteint prématurément de la mort naturelle. Vous avez re-
16

connu, avec nous, que pour être salubre, une
ville doit offrir, en faveur de la portion la
plus malheureuse de sa population, des secours
nombreux et efficaces, des institutions charitables, et des établissemens destinés à soulager
les maux physiques et à prévenir ou à corriger
la dépravation morale des pauvres.

Des germes de mort existent quelquefois au
milieu des richesses que le commerce apporte
en tribut aux villes maritimes; elles doivent
être en garde contre les semences de la peste,
de la fièvre jaune, et des maladies aigues ou
chroniques qui peuvent être importées par des
navigateurs avides ou imprudens. Un Lazaret
garantira notre cité des fléaux les plus redou-
tés, les plus destructeurs.

Outre les causes d'insalubrité que nous
venons d'énumérer, nous en avons observé
plusieurs autres, dans les passions, dans les
habitudes, dans les usages, dans les mœurs
de nos concitoyens, dans un grand nombre
de professions particulières; nous nous sommes
abstenus d'en parler, parce qu'elles ne sont
pas inhérentes aux lieux, qu'elles se transpor-
tent avec les personnes, et que leurs remèdes
se trouvent ordinairement dans la modération,
dans la tempérance, dans une sage indépen-
dance des modes, et dans l'observation des
préceptes hygiéniques.

CHAPITRE XIII.

Moyens généraux d'exécution et de conservation.

---

§. 1er. COMITÉ MUNICIPAL DE SALUBRITÉ.

Dans l'exposé que nous venons de faire des
causes d'insalubrité qui existent dans une
grande ville, vous avez été sans doute frappés,
Messieurs, de leur grand nombre, de leur va-
riété, de leur étendue et de leur renaissance
perpétuelle ; vous avez reconnu, que pour les
combattre avec succès, il faut, non seulement
exécuter de grands travaux, former des établissemens, créer des institutions, en perfection-
ner d'autres, maintenir l'exécution de réglemens nombreux, mais que toutes ces mesures
doivent être indiquées, régularisées et surveillées continuellement.

La recherche, l'inspection, la surveillance
de tous ces moyens conservateurs ne peuvent
être confiés avec fruit qu'à des hommes qui
méritent la confiance publique sous tous les
rapports ; il ne suffirait donc pas de les choisir
parmi ceux à qui leur probité, leur opulence,
l'illustration de leur famille, auraient acquis
l'estime et la considération du peuple ; il faut
aussi que ces dépositaires de la santé de tous,
soient animés d'un grand zèle pour le bien

public, et qu'ils possèdent des connaissances spéciales et profondes dans les diverses branches de la physique, dans la chimie, dans l'histoire naturelle, dans la médecine, dans l'architecture, dans l'hydraulique, dans la topographie naturelle, commerciale, industrielle et agricole de notre contrée.

Pour rassembler ces connaissances à un degré convenable, et en faire l'application fructueuse et journalière aux besoins sanitaires de la ville de Bordeaux, nous pensons qu'il est indispensable de créer un comité permanent de salubrité, qui, sous la présidence du Maire, sera composé de :

Deux médecins ;

Un chimiste ;

Un architecte ;

Un ingénieur-hydraulique ;

Un commerçant sur les grains et farines.

Et afin que les choix ne tombent point sur des individus, qui, par leur mérite personnel, n'auraient aucun droit à cette confiance, mais qui auraient surpris la sagesse des magistrats par leurs intrigues ou par leurs protecteurs, nous proposons de confier la nomination des deux médecins et du chimiste, à la société de médecine ; celle de l'architecte et de l'ingénieur-hydraulique, à la corporation des architectes, réunis aux ingénieurs des ponts et chaussées, et celle du commerçant, à la chambre de commerce.

Les attributions de ce comité comprendront les changemens et les améliorations qui seront proposés dans la voie publique ; dans la distribution et l'exposition des masses habitées ; dans les plantations et la formation des promenades publiques, les édifices publics et particuliers, le cours des eaux potables et usuelles, les surfaces marécageuses, et tous les foyers d'émanations dangereuses ; les maladies qui accompagnent l'exercice de certains arts et métiers ; les comestibles de tout genre, leurs mauvaises qualités et leurs sophistications ; les maladies provenant de la misère, de la malpropreté, de la nourriture insuffisante ou mauvaise, de l'éducation vicieuse des pauvres ; les traitemens infructueux et les dangers qui sont les suites des abus dans l'exercice de l'art de guérir ; la visite des personnes et des objets qui peuvent recéler les germes d'une maladie étrangère ; la vaccine et les moyens d'en propager la pratique ; les autres moyens qui pourraient être annoncés comme préservateurs ou spécifiques dans des maladies graves ; les usages, les mœurs, les plaisirs, les exercices habituels des citoyens de toutes les classes, et les effets de leurs alliances avec les étrangers, etc., etc.

Le comité municipal de salubrité, constatera l'existence de toutes les causes d'insalubrité; il annoncera à l'avance celles dont la
ville sera menacée; il indiquera les moyens
de prévenir ou de corriger ces causes ; il re-
cherchera ceux d'entretenir et de fortifier généralement la santé des habitans. Ses réunions
auront lieu régulièrement toutes les semaines;
il s'assemblera, en outre, toutes les fois que
des circonstances urgentes l'exigeront. Il fera,
tous les ans, au conseil municipal, un rapport
général sur les observations qu'il aura faites,
et sur les mesures qu'il aura jugées nécessaires.

§. 2. — *Plan général. Dépenses. Economie.*

Les principales des améliorations projetées,
telles que le desséchement des marais, la conduite des eaux potables, le redressement des
rues, la construction d'un pont, celle des
quais qui doivent encaisser la Garonne, celle
d'un nouveau quartier, sont autant de grandes
et dispendieuses entreprises, dont l'exécution, successive et fort longue, exigera pour
chacune un plan particulier, et l'application entière et exclusive d'un ingénieur-di-
recteur. Il serait dangereux de considérer isolément chacune de ces améliorations, parce
que les plans particuliers pourraient tellement
se contrarier, que l'exécution des derniers de-

vint très-difficile , peut-être impossible. Ces
plans, au contraire, doivent tellement se rac-
corder entr'eux, que leurs parties correspon-
dantes se secondent et se complètent autant
que possible , et que leur exécution successive
n'éprouve aucune difficulté imprévue, et ne
soit suivie d'aucun inconvénient grave, résultant des travaux antérieurs.

C'est pour n'avoir point eu la sage prévoyance d'étudier les rapports futurs des embellissemens modernes avec les plans antérieurs , et avec ceux dont l'exécution était
probable, que notre cité offre les disparates
les plus choquantes en ce genre. L'hôtel de la
Bourse qui, regardé du parapet de la place
Royale, est le pendant symétrique et obligé de
l'hôtel de la Douane, forme une saillie d'autant
plus désagréable sur la rue du Chapeau-
Rouge, que l'on ne prévoit pas comment et à
quelle époque on pourra rectifier cette irrégularité. La rue Rohan n'est point, comme
elle aurait dû l'être, située en face du portail
projeté de la cathédrale. La porte de Bourgogne
est placée obliquement à l'entrée des Fossés;
et la ligne courbe, que décrit cette promenade,
la prive irrévocablement du principal agrément qu'elle aurait retiré d'une perspective
très-étendue, que lui aurait donné sa direction en ligne droite, surtout si on avait sou-

mis les maisons des deux côtés à un plan uniforme de construction.

Un autre motif oblige à considérer à l'avance
l'ensemble des établissemens actuels et futurs
qui sont ou seront nécessaires. Notre ville,
située sur un des principaux ports de la France,
au milieu d'une contrée qui fournit des produits riches et abondans, sera toujours un
grand entrepôt, tant pour le commerce maritime que pour l'intérieur. Elle est le chef-lieu
d'un grand diocèse, celui d'une division militaire, et le centre d'une juridiction très-étendue dans l'ordre judiciaire. Elle a aussi toujours
attiré un grand nombre de nouveaux habitans,
qui viennent y chercher des lumières ou des
ressources. Il est de la plus grande importance
que les établissemens nécessaires à ces diverses
branches de la civilisation, soient répartis
avec sagesse dans toute l'étendue du territoire
habité, afin que les divers services ne soient
pas confondus ; que les moyens person-
nels et matériels soient rapprochés, pour
mieux remplir l'objet de leur destination, et
que les avantages, rassemblés en faveur d'une
grande population, soient partagés, aussi équi-
tablement que possible, entre tous les propriétaires et les habitans. Ainsi, tandis que les
commerçans placent de préférence dans les
quartiers voisins du port, leur résidence, leurs

magasins et les chantiers des constructions
navales, l'administration distribuera, dans les
quartiers moins favorisés par leur situation,
les établissemens militaires, ceux qui concernent les tribunaux, ceux relatifs à l'instruction
publique et au culte, les hospices, les marchés, les promenades, et les autres lieux consacrés au délassement du peuple ou à la gymnastique.

Votre commission, déterminée par ces considérations, pense que la première mesure qu'il
convient d'adopter, est *un plan général des
changemens et des améliorations à faire dans la
ville de Bordeaux, sous les rapports de l'embellissement et de la salubrité* (1). Elle ne sépare
point ces deux élémens de la prospérité commune, parce qu'ils se rencontrent si souvent,
qu'il est difficile de s'occuper de l'un sans travailler à l'autre en même-temps. D'ailleurs, la
beauté et la distribution bien entendue d'une
ville, procurant une infinité de jouissances et
d'avantages à ses citoyens, deviennent autant
de causes de leur bonheur, et ne doivent point
être séparées des mesures qui concourront à
la conservation de leur santé.

Les plus grands talens seront appelés à concourir à ce plan; les lumières et la prudence

(1) Voyez le Mémoire de M. Pierrugues, page 11.

des plus grands maîtres de l'art seront invo-
quées pour l'examen et l'adoption de toutes
ses parties et de son ensemble. On sera sûr
alors que toutes les parties de ce plan général
seront si bien combinées, qu'elles se seconde-
ront, se suppléeront, se compléteront mutuellement, et qu'elles rassembleront tous les
avantages désirés, sous les rapports de la
beauté, de l'utilité, de la distribution convenable.

Cependant, l'exécution d'un plan aussi vaste,
aussi compliqué, sera d'une très-longue durée ;
et plusieurs générations passeront avant que
tous les travaux soient achevés. Plusieurs administrateurs, plusieurs directeurs des entreprises partielles, se succéderont dans la conti-
nuation de cette tâche; et si chacun d'eux a le
pouvoir de changer ou de modifier dans ses
portions ou dans son ensemble, le plan général adopté, il est certain qu'on n'en verra
jamais exécuter aucun, parce qu'il est dans la
nature de l'esprit humain, de vouloir toujours
substituer ses idées, son goût, ses vues et ses
lumières, aux idées, au goût, aux vues et aux
lumières de ses prédécesseurs; et parce qu'il
arrivera souvent que le directeur d'une entreprise, faisant partie du plan général, la con-
sidérera d'une manière isolée; que, sous le
prétexte de faire mieux, il n'en coordonnera

pas l'exécution avec celle de toutes les autres parties, et qu'il détruira ainsi leur symétrie et leur correspondance.

Le plan général contrariera infailliblement un très-grand nombre d'intérêts particuliers, qui réagiront contre lui, contre ses auteurs, contre ses exécuteurs, avec une énergie et une constance qu'on ne trouve que bien rarement dans les défenseurs de l'intérêt général. Si donc les administrateurs n'étaient armés d'une autorité et d'une puissance irrésistibles, ils n'obtiendraient que des succès partiels et insuffisans, ou même, ils succomberaient dans une lutte aussi vigoureuse qu'opiniâtre qui mettrait en jeu toutes les passions, l'intrigue, la séduction, la corruption, la ruse, la complaisance, et même la protection déclarée de quelques hommes puissans.

Cette autorité qui doit rassembler les plus grandes lumières pour la rédaction du meilleur plan, et qui doit soumettre toutes les vues et les intérêts particuliers, en faveur de l'intérêt général, ne peut être que celle du gouvernement. Nous sommes donc d'avis : 1°. *Que le plan général des changemens et des améliorations à faire, pour l'embellissement et pour la salubrité de la ville de Bordeaux, doit être adopté par une ordonnance du Roi ; 2°. Que tous les changemens ou modifications qui y se-*

raient faits illégalement, doivent être considérés
comme des délits ; 3°. Que les auteurs, fauteurs
et complices de ces délits, ainsi que leurs héritiers
et ayant cause, doivent être civilement et soli-
dairement responsables, et condamnés, non-seu-
lement à tous les frais de destruction et de res-
tauration, mais aussi à une amende supérieure
à tous les avantages qu'ils auraient pu recueillir
de leur infraction ; 4°. Que l'on devra considérer
comme auteurs, fauteurs, ou complices de ces
délits, le magistrat qui aura signé la permission
d'une construction illégale, le rapporteur qui
aura déterminé la décision du magistrat, l'archi-
tecte qui l'aura exécutée, le propriétaire du bien
fonds.

Une puissance répressive aussi grande, doit
être fondée sur la justice. Pour diminuer les
occasions de l'exercer, et pour qu'elle ne dé-
génère pas en oppression, il faut, autant que
possible, faire taire l'intérêt particulier, en
accueillant ses réclamations bien fondées. Il
serait injuste que, pour l'avantage ou l'agrément de tous, un particulier, une famille,
fussent dépouillés ou ruinés. L'occupation ou
la destruction d'une propriété devra donc toujours être précédée d'une indemnité suffisante,
déterminée par la loi, et la somme des indem-
nités à accorder, quelque considérable qu'elle
puisse être, n'est point un motif légitime de

refus, ou de retard indéfini de paiement; car, la perte qui résultera du sacrifice, reconnu nécessaire, est une charge qui doit peser sur tous, et non pas seulement sur un petit nombre d'individus.

L'exécution du plan général sera ainsi protégée contre l'orgueil, contre l'intérêt particulier, contre toutes les passions ennemies du bien public, et même contre les intentions droites des magistrats et des ingénieurs qui pourraient se croire plus sages ou plus habiles que leurs prédécesseurs et que le gouvernement. Il est surtout une grande qualité administrative qui est dans le cas de nuire à cette exécution, et qui a souvent trompé les hommes les plus purs, c'est l'économie. L'administrateur qui s'occupe sans cesse de diminuer les charges imposées à ses concitoyens, croit quelquefois leur avoir rendu un grand service, en épargnant une partie des fonds destinés à la construction d'un établissement. Il s'applaudit du soulagement momentané de la commune, et il ne voit pas que cet établissement est mal situé; qu'il nuit aux habitans voisins; que les dispositions intérieures ne sont pas en rapport avec les besoins; que son étendue n'est pas suffisante; que son architecture mesquine est indigne de l'une des premières cités du royaume; que sa construction, peu solide, entraînera des réparations annuelles très-coûteuses ; que ces graves inconvéniens nécessiteront un jour sa reconstruction dans un autre lieu, et que de grandes sommes auront été ainsi dépensées en pure perte, parce que cet administrateur imprévoyant n'avait considéré que sous un point de vue secondaire, le principal objet de l'entreprise qu'il était chargé d'exécuter. Telles sont, Messieurs, les réflexions qui naîtraient infailliblement dans vos esprits, si vous voyiez adopter, ou le projet de rétablir le grand hôpital des malades dans le local actuellement occupé par l'hôpital St.-André, ou celui de le placer dans le Dépôt de mendicité, comme quelques personnes l'ont cru possible.

- La véritable économie, fille de l'intégrité des magistrats, de leur surveillance continuelle, de leur sagesse et de leur amour éclairé pour le bien public, ne se contente pas des avantages passagers que procurent les ouvrages mesquins et peu solides, exécutés au meilleur marché ; elle n'est point arrêtée par la grande dépense qu'exige des travaux nécessaires, lorsque cette dépense est indispensable pour assurer leur beauté, leurs convenances, et la longue durée que doivent avoir des établissemens publics ; elle se refuse aux dépenses d'ostentation, dont l'objet ne dure qu'un jour, et à celles qui n'ont pour but que de flatter les

grands; elle repousse toutes les dépenses frivoles, afin de ne point être au dépourvu, lorsqu'il s'agit de fournir à des besoins urgens; et en
faisant le plus utile emploi des ressources municipales, elle multiplie les bienfaits de l'administration, et hâte l'époque des jouissances
de tous.

Pour ne vous laisser aucun doute, Messieurs,
sur la nécessité d'un plan général invariable,
nous allons vous retracer ici les leçons de
l'expérience, que nous releverons dans nos
murs, sans recourir à des temps anciens. L'administrateur qui a laissé dans notre contrée un
nom vénéré, celui dont la réputation éclipse
toutes les autres, par les grands et utiles travaux qu'il a fait exécuter, M. de Tourny, avait
conçu un plan de restauration, d'embellissement et de salubrité pour notre ville; ses successeurs, ses envieux, des hommes incapables
ou intéressés à contrarier les dispositions qu'il
avait arrêtées, ont méconnu son plan, ou l'ont
dédaigné, ou ont sciemment concouru à dé-
truire son ensemble, et à le dégrader dans ses
parties principales.

L'auteur du Mémoire de 1811, expose, en
détail, les dégradations successives et la destruction de ce plan, qui ont été opérées par la
suppression d'une grande portion des allées de
Tourny, pour la construction du Grand-Théâ-

tre ; par la disparition de la belle prairie du Château-Trompette, qui reposait si agréable-blement les yeux des promeneurs ; par le tracé sur ce terrain d'une rue principale, qui n'est pas dans la direction de la grande et belle rue projetée, depuis la porte d'Aquitaine jusqu'aux Chartrons ; par la transformation du Jardin-Public en une place d'armes ; par les nombreux empiétemens commis sur les deux grands cours, qui, partant des deux extrémités du port, devaient se réunir au sommet de l'arc formé par le territoire habité de la ville; empiétemens si considérables en plusieurs endroits, qu'ils ont empêché la plantation des arbres destinés à leur décoration, et qu'ils ont amené la destruction d'un grand nombre de ceux qui étaient déjà plantés. On conçoit aisément que la plupart de ces aberrations ont été déterminées par des intérêts particuliers ; mais que d'autres l'ont été par une économie aussi mesquine qu'inconsidérée, qui a voulu diminuer l'espace consacré aux agrémens de la voie publique, dans l'espoir de faire tourner au profit des finances municipales, la vente de quelques toises de terrain de plus, quoique ce terrain eût peu de valeur lorsqu'on en fit la distribution.

A cet exemple frappant, des fautes souvent irréparables, produites, soit par l'exécution de plans particuliers incohérens, soit par une

économie mal entendue, soit par des envahis-
semens de l'intérêt privé, nous pourrions
ajouter plusieurs autres exemples dont les suites
ont été pernicieuses; tels sont, le grand nombre de rues sinueuses, étroites, infectes et peu
aérées; les alignemens variés, qui déparent
les plus beaux quartiers et qui exigeront plusieurs siècles pour leur redressement; les des-
séchemens partiels ou peu solides des terrains
marécageux, qui ne leur ont enlevé qu'une
portion de leur influence pernicieuse; les terrains couverts de ruines qu'on prendrait pour
les résultats d'un siége récemment soutenu, et
des dévastations de la guerre; les masures,
basses, humides, obscures, insalubres, disséminées sans ordre dans des faubourgs non
circonscrits; les hôpitaux mal situés, mal distribués, insuffisans, établis pour la plupart
dans des édifices qui avaient reçu primitivement une destination différente; la construction de maisons particulières, adossées à des
églises, mais principalement à celle de St.-
André, ce qui prive le public de la vue de
cette magnifique cathédrale, et empêche
qu'elle ne soit achevée, par l'élévation d'un
portail principal, digne de cette métropole, etc.

C'est sans motifs suffisans, qu'on nous ob-
jecterait contre la proposition d'un plan général, les grandes dépenses qu'entraînera l'exé-

cution de ses diverses parties, dont quelques-
unes doivent être réalisées prochainement,
tandis que les autres peuvent être renvoyées
à des temps éloignés. Il est certain que les
améliorations sanitaires et les embellissemens
nécessaires à la ville de Bordeaux, donneront
lieu à des dépenses très-considérables, et qu'il
serait absolument impossible d'y fournir, si
nous n'avions à espérer pour nos finances municipales, des ressources plus grandes et un régime meilleur que ceux auxquels nous avons été
soumis depuis un grand nombre d'années. Mais
l'aurore de la restauration française a brillé,
et un nouvel ordre de choses nous promet des
jours plus heureux. Au règne d'une ambition
dévastatrice, a succédé celui d'un amour paternel, qui veut cicatriser les plaies de l'état; et
probablement, les trésors de la France seront
employés désormais à des améliorations intérieures ; *les époques de la spoliation, de la misère*
et de l'oppression des communes (1) sont passées,
et nous devons espérer, avec l'estimable concitoyen qui nous a tracé l'esquisse de leur *admi-*
nistration financière, que, sous le gouverne-

_____

(1) Pages 24 et 25 de l'ouvrage intitulé : de l'Administration financière des communes de la France, avec
quelques applications à la ville de Bordeaux. A Bordeaux,
chez Racle. 1816.

ment de la dynastie légitime, nos maux seront
réparés, notre ville demeurera affranchie des
dépenses vexatoires, qui lui avaient été tyran-
niquement imposées ; des *prélévemens* oppres-
seurs, qui étaient faits sur ses recettes ; et que,
dorénavant, *ses recettes seront exclusivement*
employées pour les besoins de la cité.

Si donc, en admettant, avec cet auteur,
toutes les améliorations qu'il propose, dans
les recettes et dans les dépenses municipales,
la ville de Bordeaux peut mettre chaque année en réserve un fonds de 440,754 francs (1) ;
si, en outre, les produits des octrois et autres,
qui forment son revenu principal, viennent à
augmenter graduellement avec sa population,
ce qui sera la suite infaillible des progrès de
son commerce ; il n'est pas douteux que ses
magistrats ne puissent entreprendre, dans peu
de temps, la série des travaux réparateurs que
nous avons proposés ; et qu'en poursuivant
leur exécution avec la persévérance et le cou-
rage qu'exige la grandeur de leur objet, la
génération qui commence ne doive en voir
achever une grande partie.

Pour nous, à qui les approches de la vieil-
lesse interdisent l'espoir de cette jouissance,
nous n'en éprouverons pas moins une joie

---

(1) Pages 97 et 112 de l'ouvrage précité.

anticipée, en voyant les premiers effets du retour de l'ordre, de la paix, de la justice, de l'amour du bien public et *de la gloire admi-nistrative.*

Nos vœux ont appelé depuis long-temps ces améliorations importantes, entièrement fon-dées sur les connaissances physiques et morales acquises jusqu'à ce jour. Puisse notre travail nous obtenir l'estime des magistrats et de nos concitoyens! Elle sera pour tous les membres de la société royale de médecine, la plus douce des récompenses.

Arrêté par la commission spéciale réunie au conseil d'administration de la société. A Bor-deaux, le 18 Avril 1817.

Signés, GUÉRIN, président; GUITARD, vice-président; CAILLAU, secrétaire-général; BOURGES et de SAINCRIC, secrétaires-ad-joints; BARRES, archiviste; MASSÉ, tréso-rier; LAMOTHE l'oncle, DUCASTAING le père, CARRIÉ, DUPONT, REVOLAT, RODO-LOSSE, ANTHONY l'aîné; CAPELLE, rappor-teur.

EXTRAIT

Du registre des délibérations de la Société royale de médecine de Bordeaux.

La Société royale de médecine, après avoir entendu les rapports de sa commission spéciale et de son conseil d'administration, dans sa séance du 28 Avril 1817, a adopté le Mémoire et les rapports ci-dessus : elle a ordonné l'impression de cet ouvrage, pour être distribué à ses membres et au conseil municipal de la ville de Bordeaux.

Pour copie conforme,

J.-M. CAILLAU, Secrétaire-Général.

FIN.

TABLE DES MATIÈRES.

Chapitre XII.

Chapitre XIII.

FIN DE LA TABLE.

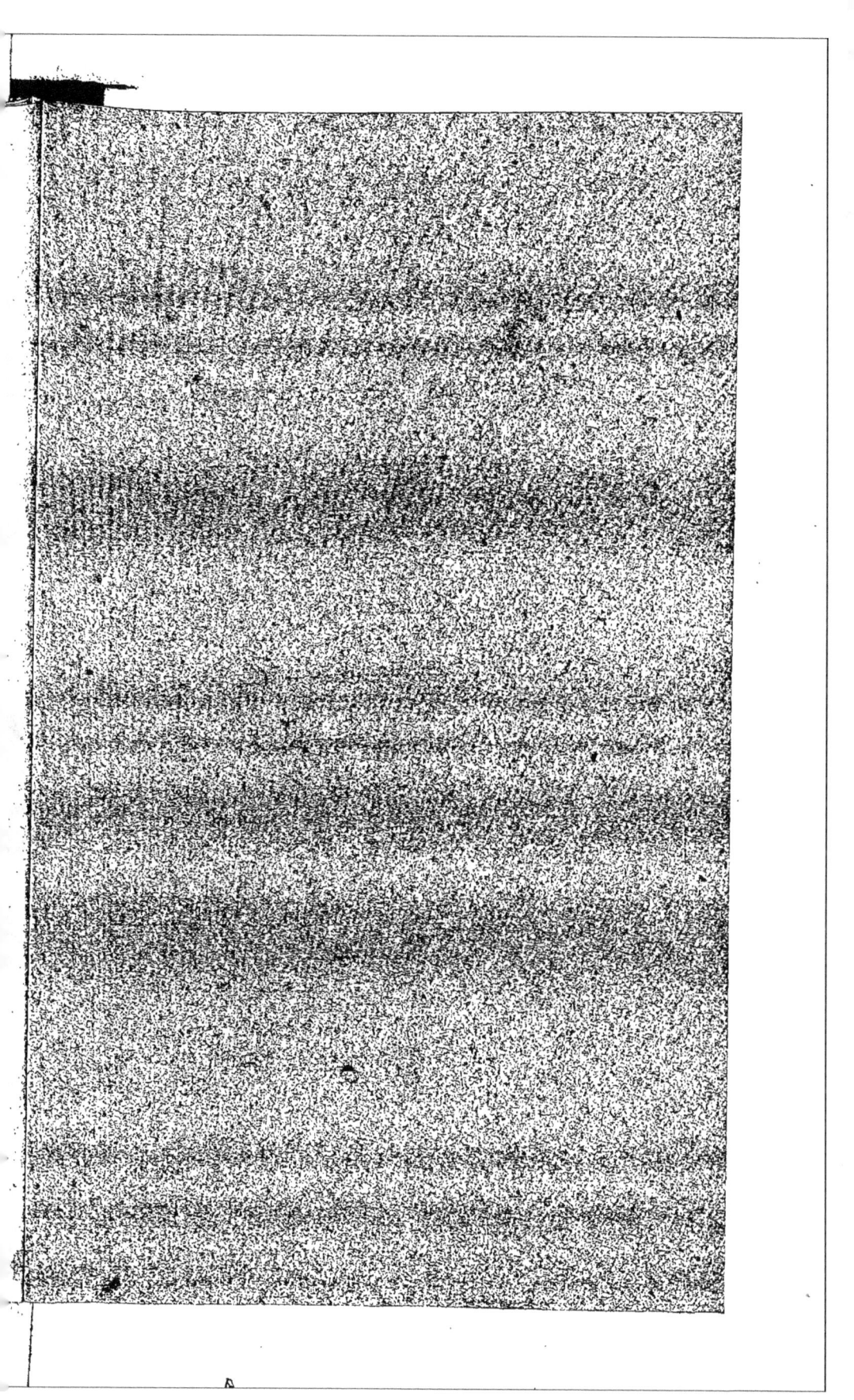

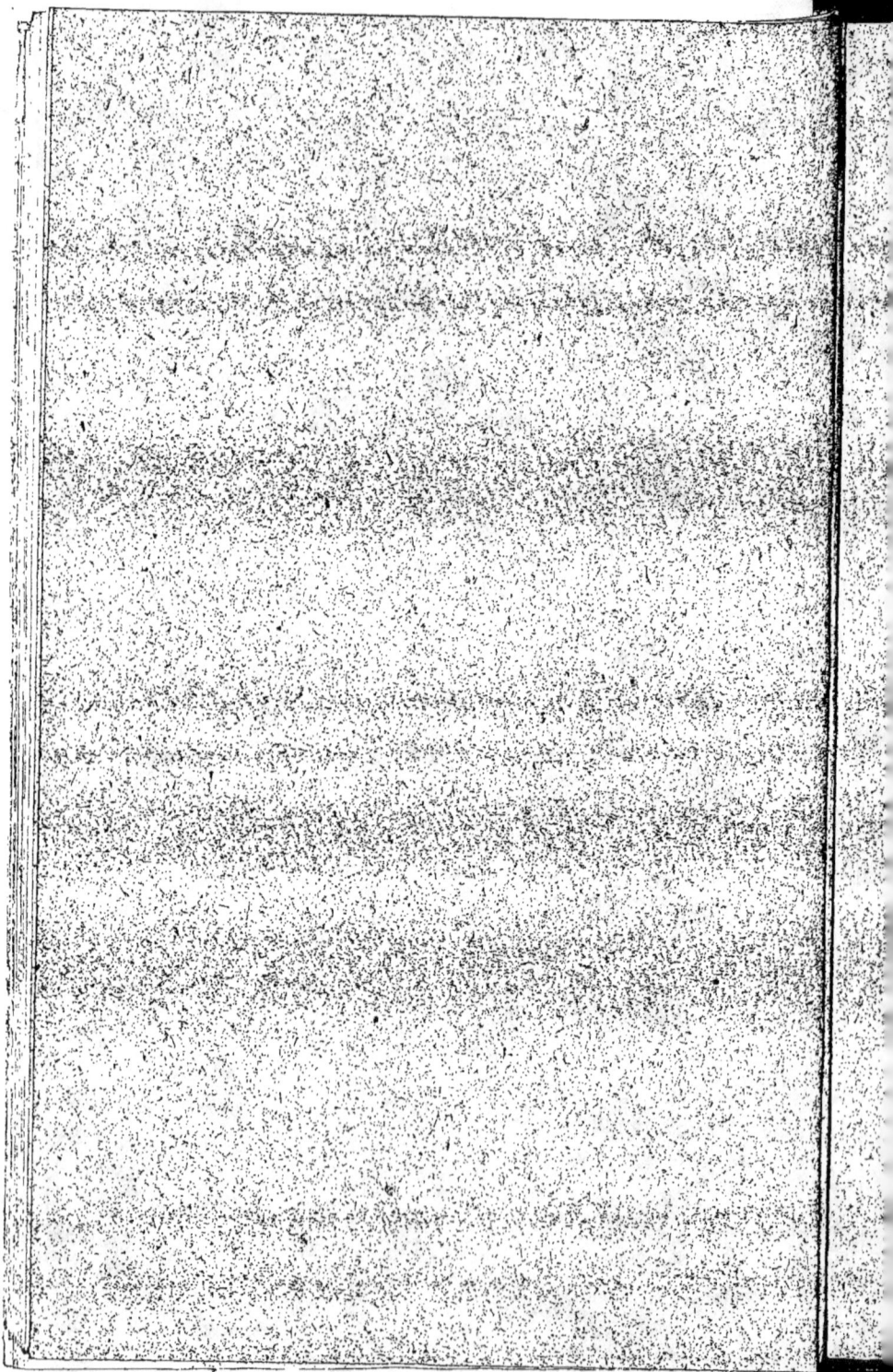

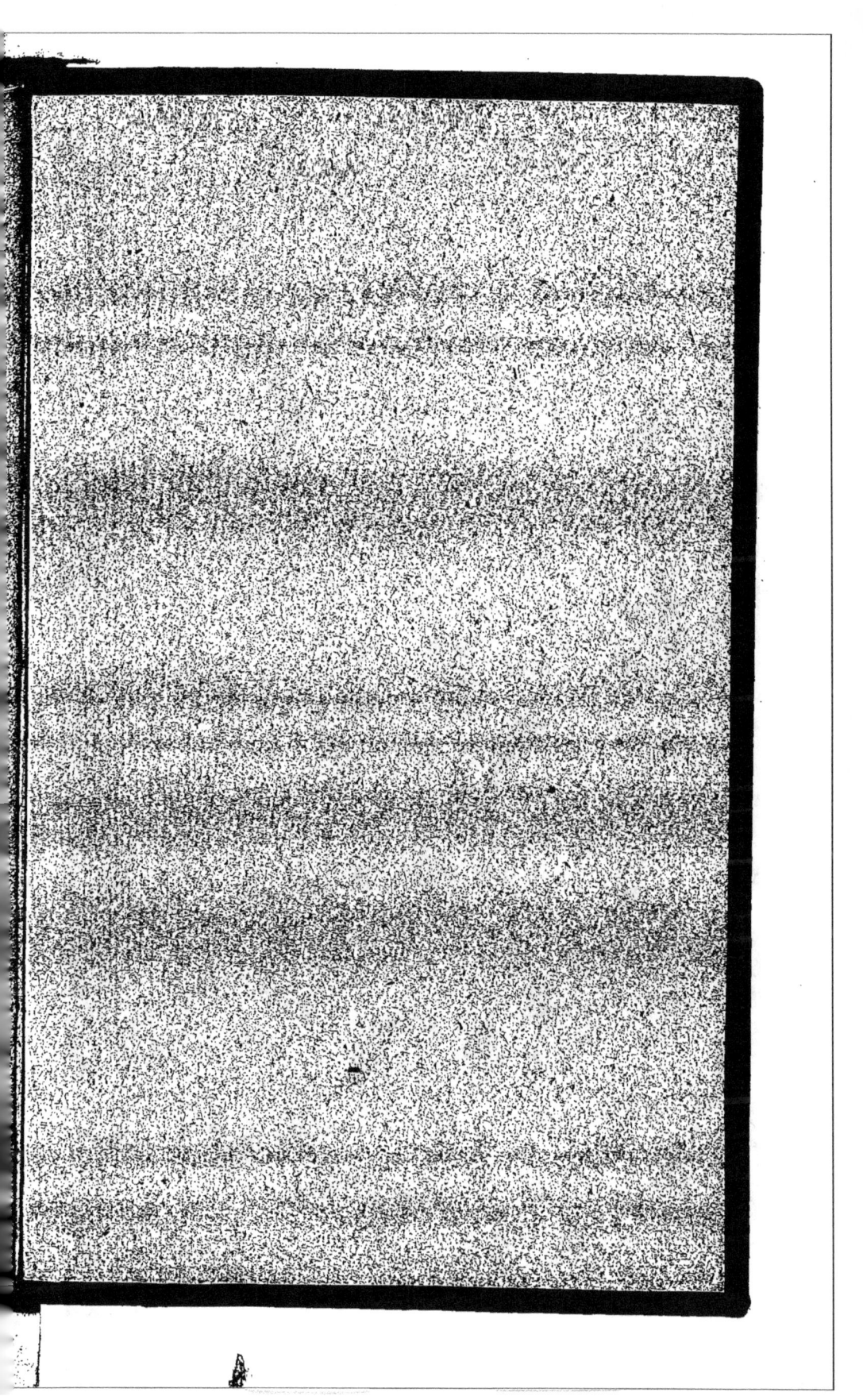

www.ingramcontent.com/pod-product-compliance
Lightning Source LLC
Chambersburg PA
CBHW070802270326
41927CB00010B/2250